辞書編集、三十七年

神永 曉

草思社文庫

カバーの画像　『日本国語大辞典』第二版の三校ゲラ

「大悪無道」という語は『日本国語大辞典』初版では「だいあくぶどう」で立項されていたが用例がなかった。それが福沢諭吉の『西洋事情』の例が見つかったため第二版で加えることになったが、見出しの読みを「だいあくぶどう」「だいあくむどう」のいずれにすべきかという疑問が生じた。そこでこのゲラで、『西洋事情』の例を採取した編集委員の松井栄一先生に検討していただいた。最終的に「だいあくむどう」での立項となった。

はじめに

二〇一七年二月十日に、私は勤めていた出版社を定年で退職した。私が出版の世界に飛び込んだのは一九八〇年三月十日だったので、正確には三十六年十一か月この世界にいたことになる。しかもその間に手がけてきたのは、ほとんどが辞書の編集だった。そして退職した今も、多少なりとも辞書とのかかわりは続いている。

このようなわけであるから、本書の書名を『辞書編集、三十七年』としたのも、決してはったりではない。

三十七年間は、ありきたりな表現だが、あっという間の出来事だった。しかもその間に、人さまに誇れるような大きな仕事を成し遂げたわけではない。波瀾《はらん》万丈の人生だったわけでもない。ただ一つだけ他の人と異なることがあるとしたら、その年月をほぼすべて辞書編集者として過ごしてきたということだけなのである。

辞書と名のつく書籍を刊行している出版社は数多くある。だが、そのような出版社でも、国語辞典一筋の編集者はあまりいないかもしれない。そもそも国語だけでなく外国語を含めても、私の知るかぎり辞書専門の編集者はそう多くない。

そうであるなら、このような希少な存在かもしれない私が、辞書編集者として、日本語とどのようにかかわってきたのか書き残しておくのも、少しは意味があるのではないか。そう考えたのが、本書執筆の動機である。

もとより、私が正統派の辞書編集者だったかどうかはよくわからない。『現代国語例解辞典』初版（一九八五年）では、肩書きのない編集者としてであったが、企画の段階から刊行まで、すべてをまとめ上げるということはした。『日本国語大辞典（日《にっ》国《こく》）』第二版（二〇〇〇～〇二年）では、今度は編集長として、この辞典の骨格の部分である用例が適切に引用されているかどうかの判断を主に行った。『日国』は、一九七二～七六年（昭和四十七～五十一年）に初版が刊行され、第二版では項目数は五十万、用例の数も聖徳太子の時代から昭和に至る約三万点の文献から引用した百万になって、国内だけでなく海外からも高く評価されている日本最大の国語辞典である。このようにオーソドックスな辞書の編集も確かに行ってはいるが、変化球とも言えるような辞書も数多く手がけている。私の経験自体、他の辞書編集者から見ると、かなり特殊なものだったのかもしれない。そのようなわけで、辞書とはどういうものか学問的にお知りになりたいかたには、本書はあまり役に立たないかもしれない。そのことは最初にお断りしておく。

本書ではまず、まさか辞書の編集者になろうなどとは思ってもみなかった私が、なぜ辞書編集の世界に飛び込むことになったのか、言ってみれば私自身の辞書編集者前史から書き起こすことにした。今にして思えば、他に選択肢がなく、かなり受け身の人生だったような気がする〔序章〕。

辞書編集者の仕事は、ひたすらゲラ（校正刷り）を読むことである。私もいきなり、『国語大辞典』（一九八一年）のゲラを読むことからやらされた。ゲラ読みとは、ただ文字を追いかけているわけではない。書かれた内容すべてに対して、本当に正しいのかと疑問を持ちながら読んでいくのである。これによって辞書編集者は、とても懐疑的な性格になっていく〔第一章〕。

入社してすぐに担当することになった『国語大辞典』と、企画の段階から手がけた記念すべき私の辞書第一作目である『現代国語例解辞典』（一九八五年）とによって、徐々に辞書編集者と名乗っても恥ずかしくないようになった気がする。特に『現代国語例解辞典』では、編集長ではなかったが、辞書全体を統括するような役割を任されたので、辞書編集の面白さを知るきっかけとなった。ことばを説明するという枠組みさえ逸脱しなければ、辞書編集はかなり自分の思い通りにできることを知ったのである。『現代国語例解辞典』の特徴とした、類語の意味の違いを説明するための表組や、随所に設けたことばに関する補足説明などはまさにそれであった〔第二章〕。

こうして、私は辞書編集の仕事にどんどんのめり込むようになった。だがその反面、一般の人にとって辞書とは、堅苦しく無味乾燥な内容だというイメージが強いのではないかという、もどかしい思いも抱くようになった。そんなイメージをなんとか崩したいと思って、個性的、かつ極めて趣味的な辞書も企画していった。『使い方の分かる類語例解辞典』(一九九四年)、『日本語便利辞典』(二〇〇四年)、『美しい日本語の辞典』(二〇〇六年)などである〔第三章〕。

私が辞書の世界に長年いられたのは、第一線にいる日本語や文学の研究者、法律家などから直接教えを受けたからだと感じている。このようなかたがたから頻繁にお話をうかがえたのは、編集者冥利《みょうり》に尽きると思う。ただ、楽しい付き合いばかりではなく、いつしか関係が悪くなっていったかたもいたのだが〔第四章〕。

辞書の編集をしていて、なぜか辞書は塀の内側や闇社会と、ことばを通じてだが関係が深いと感じていた。そこでその関係をまとめてみた。刑務所の中から殺人事件の被告人が自分の裁判の証拠としたいと、編集部に語釈の変更を直接訴えてきたこともあったのである〔第五章〕。

ある地域だけで使われる方言は、通常の国語辞典ではほとんど取り上げられることはない。ところが、私は幸運にも『日国』を通じて方言と深いかかわりを持つことができた。四国の徳島では、方言研究者がインフォーマント(方言話者)に対して実際にどのような調査を行っているのか直接触れる機会もあった。方言もれっきとした日本語である。辞書の中にその方言をどのように取り込んでいくかは、私にとって大きなテーマなのである〔第六章〕。

ことばの意味を記述するには、実際にそのことばが使われている文献例がなければ何もできない。私は『日国』第二版で、三万にも及ぶ文献から採取した用例と深くかかわった。これらの用例はそのまま引用できるものもあれば、「布団をしく」に対する「布団をひく」のような、いわゆる誤用とされる用例までさまざまである。私は特にこうした誤用とされる用例も多く採集している。なぜわざわざそのようなことをしているのかというと、私なりの考えがあってのことである。もちろんそれは、書き手を誹謗中傷しようということではない〔第七章〕。

辞書は編集にかかわる人間だけで作り上げているわけではない。読者から寄せられる指摘や質問、意見などによっても内容を検討することがあるし、それによって内容が進化することもある。私も、味噌の効用を調べて「道三湯《どうさんゆ》」なる飲み物に行き着いた老舗の味噌会社の元社長さんや、「一応」と「とにかく」のような類義語の意味の違いが気になって仕方がないという、ちょっと不思議な質問をしてくる人、中国の故事について質問してきた中国の大学生など、実際にいろいろな読者との交流があった〔第八章〕。

日本の辞書は内容だけでなく、印刷や製本、製紙の技術も素晴らしいというのが私の実感である。辞書は改訂版のたびにページ数が増えていくのに、さほど厚さを増していないことにお気づきだろうか。これらはすべて日本の優れた技術力による。そのことをぜひ強調しておきたかった〔第九章〕。

教育学者の深谷圭助《ふかやけいすけ》先生が開発した「辞書引き学習」を広める活動は、私が定年後の今も続けている大きなテーマの一つである。在職中に立ち上げたＮＰＯ法人こども・ことば研究所では、全国各地の小学校や寺社などで辞書引きの学習会を開催している。この学習会に子どもと一緒に参加した保護者や教師の、この子たちにこんな集中力があったなんて初めて知りました、という声に支えられて活動を続けている〔第十章〕。

現在私は、ことばの面白さと辞書の楽しさを伝えたいと考え、さまざまな媒体を使って発信を続けている。これは在職中から始めたことで、辞書編集者がなぜこのようなことをしているのかというと、辞書では本当のことばの面白さは伝えられないという思いがあったからである。個人的にそのような活動を始めたため、在職中は勤め先と多少摩擦もあった。だが、この活動もまた、私の今後の大きなテーマの一つなのである〔第十一章〕。

まずは、一辞書編集者が日本語とどのように向き合い、それをどのようにして辞書という具体的な形に仕上げていったかを、本書を通じて少しでもお伝えできれば幸いである。

辞書編集、三十七年　目次

第二章　辞書編集者の仕事とは？

第三章　思い出の辞書たち

第四章　「ことばの専門家」に鍛えられた日々

第五章　辞書と「塀の内側」の深い関係

第八章 読者との交流が辞書を育てる

第十一章　辞書以外の世界で「ことばの面白さ」を伝える

序章　辞書編集者になるまで

文芸志望のはずが、辞書編集者に

私は一九八〇年の春に、大学の国文科を卒業して出版社に就職した。そのときに長年の夢だった辞書編集者になれた、と言えたらどんなに格好がいいだろう。だが、実際はそうではなかった。就職する前も就職してからも、かなり紆余曲折があったのである。

私が就職活動をした当時、出版社の採用試験の時期は今と違い、大学四年の秋、十一月になってから実施されていた。私が大学四年生だった一九七九年は第二次石油危機のあった年で、日本の景気はかなり落ち込んでいた。そのため、新卒の採用を見送る出版社も少なからずあった。そもそも景気にかかわらず、定期的に社員を募集している出版社などあまりなかったのだから、例年以上に狭き門となっていた。その中で小学館など数社だけは、募集を行っていた。出版社の編集志望だった私は、それらの社の採用試験を受けることにしたのである。

ところが、小学館は筆記試験は通ったものの、一次面接で落ちてしまった。そればかりか、他の出版社も面接でことごとく落ちてしまい、散々な結果だったのである。

進退窮まった状態でいたところ、たまたま新聞で尚学図書という小学館系の出版社が社員を募集していることを知ったため、受けてみることにした。出版社と名のつくところに入れれば、希望通りの編集部でなくても、自分の志望に少しでも近づけると考えたのである。

尚学図書は、高校時代に使っていた現代国語の教科書がこの会社のものだったので、名前だけは記憶にあった。だが、教科書編集部の他に辞書編集部もあるということは、実はあまりよく知らなかった。かなりいい加減な話なのだが、当時は会社のホームページがあるわけではなく、会社情報はこの新聞広告でしか得られなかったからである。

入社後に知ったことだが、尚学図書の辞書編集部は『日本国語大辞典（日国）』初版（一九七二〜七六年）の編集のために小学館が全額出資して設立した日本大辞典刊行会という会社の社員が、数名移籍して組織された部署だった。日本大辞典刊行会は、もともと小学館の社員だった人と、刊行会設立後に入社した人とで構成された会社で、社員数は最大で九十名を数えたらしい。だが、『日国』初版刊行後解散している。

尚学図書辞書編集部としての主な業務は『日国』のメンテナンスと、関連する企画の編集だった。その編集部で編集した辞書の第一号が、私の入社後に刊行された『国語大辞典』（一九八一年）である。

幸か不幸か、この尚学図書になんとか潜り込むことができ、翌年の春に入社した。そして見習い期間を経て、その年の七月に配属されたのが、辞書編集部だったのである。このときから、私の長い長い辞書編集者人生が始まったことになる。自分が本当に辞書の編集をしたいのか、気持ちは定まっていなかったのであるが。

ひょっとするとここまでお読みくださって、ある疑問を持たれたかたがいらっしゃるかもしれない。小学館の採用試験に落ちた人間が、なぜ小学館から発行している辞書を自分が担当したかのように言っているのかと。だが、決して詐称をしているわけではない。入社して十四年目の一九九三年に、尚学図書の二つあった編集部のうち、辞書編集部が小学館に吸収されてしまったのである。

小学館の中にもやはり辞書編集部があり、関連会社とはいえ辞書編集部が分かれているのはおかしいとの経営者の判断だった。当時小学館の辞書編集部は、『大辞泉』初版の編集が佳境にあるときだった。

小学館への移籍が決まったからといって、手放しで喜んだわけではない。いつまでも根に持つタイプではないが、親会社とはいえ、入社試験の面接で落とされた会社の社員に無条件でなるのは、かなり抵抗があった。

その複雑な思いを、当時の直接の上司で『日国』初版の副編集長だった並木《なみき》孝《あつし》さんにぶつけている。並木さんは入社は小学館だが、日本大辞典刊行会を経て尚学図書に移ってきていて、私とは逆のコースを歩んだ人である。

並木さんはこう助言してくれた。

「お前は『現代国語例解辞典』を最初から仕上げ、今また新しい類語辞典（『使い方の分かる類語例解辞典』）を完成させようとしている。お前ほどの辞書編集者は小学館にはいないのだから、堂々と胸を張っていろ」

と。その一言で救われる思いがした。以後、定年で小学館を退社するまで、辞書編集者でいられたのは、その一言があったからだと思う。そして、今でもフリーの立場ではあるが、辞書編集者と名乗って辞書とのかかわりを続けていられるのは、そう言ってもらえたからに他ならない。

編集者を目指したのは、文芸書の編集が志望だったからである。大学は文学部の国文科で、卒業論文に選んだテーマは横光利一論だったこともあって、文学にかかわる仕事をしたいと思っていた。卒論で横光のことを書いたからといって、文芸書の編集者に向いていたかどうかなんてわからないわけで、今にして思えば、かなり青臭い考えだった。

横光利一は横光川端（康成）と並び称され、「新感覚派の驍将《ぎょうしょう》」とまで言われた作家である。「新感覚派」とは、大正末期から昭和初期の文学の一流派で、横光、川端らがその中心だった。従来の自然主義的なリアリズムに対抗して、文学形式や文体上の変革だけではなく、感覚の斬新さを目指した。「驍将」は中心になって力強く事を推進する人という意味で、横光はこの一派の中心人物と目されていたのである。だが、戦後間もなく死去し、その後の川端の活躍もあって、すっかりその陰に隠れてしまった。

卒論で横光論を書くときには、著名な横光の研究者である栗坪良樹《くりつぼよしき》先生（青山学院女子短期大学名誉教授）に大変お世話になった。先生には横光のことばかりでなく、新宿のゴールデン街に初めて連れて行っていただくなど、学問以外のこともいろいろと教えていただいた。ゴールデン街の店で著名な小説家や評論家と話ができ、学生の身でありながら、一瞬だけその仲間に加わったような錯覚を覚えたことは確かである。

尚学図書で辞書の編集部に配属が決まり、栗坪先生のところにご報告にうかがったところ、

「そうか、お前はことばの世界に行ってしまうのか」

と少し寂しげに言われたことを、今でも鮮明に覚えている。

今はそのようなことはないのだが、その当時国文科では、文学研究の方が国語研究よりも上だというおかしな雰囲気があった。私自身もことばの世界に身を投じることに、少しだけ引け目を感じていたかもしれない。

子どもの頃の神保町の思い出

出版社には就職できたものの、一つ残念なことがあった。尚学図書は、出版社が多

く集まっている神田神保町《かんだじんぼうちょう》ではなく、文京区後楽《こうらく》二丁目にあったからである。会社の入ったビルは神田川に面していて、川が大きくカーブする大曲《おおまがり》というところのすぐそばにあった。神田川を挟んだ向かい側は新宿区で、そちらはほど近いところに大人の街とも言われる神楽坂《かぐらざか》がある。だが、こちら側は中小の印刷会社や製本会社が軒を並べているような場所で、今でこそ再開発によって高層ビルが建っているが、当時は昭和の香りのする（昭和五十五年なのでまだ昭和ではあるが）、下町の雰囲気が色濃く漂う街だった。

それはそれでいいところだと思ったのだが、出版社に就職を志望した理由の一つに、神保町で仕事をしたいということもあったので、いささか落ち込みもした。子どもの頃から神田神保町は大好きな街だったからである。

小中学生の頃、千葉県の北西部に住むわが家では、新しい学年になる前に慣例行事として、家族全員で神保町の三省堂書店まで出かけていた。そこで、図鑑や辞書、参考書やドリル、そして小学生のときだけだが名前を入れた鉛筆を買ってもらうのである。自分の名前の入った鉛筆は、けっこう自慢だった。図鑑や辞書を買ってもらえるのもうれしくて、家に帰ってから暇さえあれば夢中になってページをめくっていた。ただ、参考書やドリルはいつの間にか本棚の隅の方に積み重ねられていたが。これらもちゃんと使いこなしていれば、別の人生があったのかもしれない。

それは一九六〇年代のことで、当時の神保町ももちろん本の街だった。ただ、靖国《やすくに》通りとほぼ並行しているすずらん通りは、ちょっとした中華街のようでもあった。何軒もの中華料理店が並んでいたのである。この通りが中華街のようになっていたのは、戦前中国人留学生が数多くこの地で暮らしていたからだという。いまだに孫文や周恩来が通ったという店が駿河台下《するがだいした》に残っている。亡父がすずらん通りの真ん中あたりにある内山《うちやま》書店とかかわりがあったらしく、神保町に行くとよく立ち寄っていた。

内山書店は、内山完造《かんぞう》、嘉吉《かきつ》兄弟が開いた書店で、兄の完造さんが上海で、弟の嘉吉さんは神田神保町で内山書店を営んだのである。上海の内山書店は中国の作家魯迅《ろじん》と関係が深い。父は若い頃弟の嘉吉さんにお世話になったことがあったらしく、深い尊敬の念を抱いていたようだ。父が晩年を送った部屋には、嘉吉さんからいただいたという色紙が掲げられていた。それにはこんなことばが達筆な字で書かれている。

「裏方ゆえに一瞬間も油断できない」

定年で退職するまで中学校の国語の教師で、晩年は頼まれて幼稚園の園長を亡くなる直前まで務めた父の、教育者としての座右の銘だったのであろう。私にとっても、退職後はフリーの立場で活動しているものの、今でも編集者としての気持ちはなくしていないと思っているので、心に響くことばである。

このすずらん通りの内山書店の向かいに、禮華楼《れいかろう》という中華料理店があり、そこが両親のお気に入りだった。今はもう店はないのだが、当時は二階までも大勢の客でにぎわっていた。まだ靖国通りに都電が走っていた時代である。生まれ育ったところではないが、神保町はなんとなくなつかしい街だった。

大学に入り大学周辺の早稲田にも古書店は数多くあったが、それとは違う雰囲気も味わいたくて、学生時代もしょっちゅう神保町の古書店巡りをした。

神保町は私にとってそんな街だった。だから、尚学図書に入社後も、何かの用事で神保町にある小学館の本社（正確には千代田区一ツ橋）に行くのは、何よりの楽しみだった。

『日国』初版編集メンバーが集う辞書編集部

先述したように、『日国』初版の発行は小学館だが、実際に編集を担当したのは、辞書の編集業務に特化するために小学館が創設した日本大辞典刊行会という会社だった。尚学図書の辞書編集部は、この刊行会が『日国』初版の最終巻が刊行された一九七六年（昭和五十一年）の後に解散し、その中の編集担当の六名がもともと教科書会社だった尚学図書に移籍して組織された編集部である。初版の編集を経験したその人たちは、辞書編集のプロというだけでなく、学者のようでもあった。

その顔ぶれを簡単に紹介しておこう。

松井栄一《まついしげかず》先生は、『日国』初版、および第二版（二〇〇〇〜〇二年）の編集委員だったかたである。ご著書の『出逢った日本語・50万語　辞書作り三代の軌跡』では、『大日本国語辞典』を編纂した祖父・松井簡治《かんじ》、父・松井驥《き》、そして松井栄一先生と三代続いた辞書作りの一家の足跡を書きつづっておられる。また、『「のっぺら坊」と「てるてる坊主」　現代日本語の意外な事実』では、近代になってからの百三十年あまりの間に、日本語がどう変遷したかを豊富な用例を挙げて紹介している。たとえば「てるてる坊主」は、明治期の主要な辞書では、圧倒的に「てりてり坊主」が優勢だったというのである。退職後は、山梨大学、東京成徳大学の教授を歴任された。先生は二〇一八年に逝去された。

『日国』初版の編集長だった倉島長正《くらしまながまさ》さんは、退職後は著作活動を続けていて、『国語』と「国語辞典」の時代』『日本語一〇〇年の鼓動　日本人なら知っておきたい国語辞典誕生のいきさつ』『国語辞書一〇〇年　日本語をつかまえようと苦闘した人々の物語』などの、日本語や辞書に関する著書がある。

『日国』初版では副編集長だった並木孝さんは、私が尚学図書に入社したときは直接の上司となる編集長だった。並木さんはかつて雑誌「少年サンデー」の編集者だったとき、漫画家の赤塚不二夫の担当で、『おそ松くん』の「チビ太」のモデルの一人だと言われていた。ご本人は別の人だと主張しているが。だが、確かに小柄で、顔もなんとなく似ていると言ったら失礼か。

そして、並木さんはチビ太同様、おでんが大好きだった。今は再開発で店はなくなってしまったが、神田神保町で戦前から続いていた「えーわん」という古いおでん屋さんがあり、よく連れていってもらった。この店の名は、戦前は「A1」だったそうだが、戦時中英語は敵性語だとされたので平仮名にしたという、気骨のある店だった。貫禄のある女将と、とても優しい大将の二人で切り盛りしている店で、女将からは「うちは酒を出す店だけどね、あんた飲みすぎだよ」とよく叱られたものである。

ちなみにこの女将の妹さんの嫁ぎ先は、武蔵野書院というこの界隈でも老舗の出版社だった。このかたは一時、ここの社長もしていた。武蔵野書院は、梶井基次郎《かじいもとじろう》の『檸檬《れもん》』を一九三一年に出版した出版社としても知られる。初版本が一冊でも残っていないかと思い、女将の甥に当たる武蔵野書院の現社長に聞いたことがあるが、残念ながら残っていないとのことだった。とにかく神保町という街は、こうした歴史や伝統のある店や出版社が数多くあるところなのである。

いちばん年の若い大島史洋《おおしまふみひろ》さんは、元辞書編集者というよりも、山本健吉賞、若山牧水賞、釈迢空《しゃくちょうくう》賞といった多くの賞の受賞歴のある、今や現代短歌界の代表的な歌人の一人である。

『日国』では初版以来、辞書に載せるために採取した用例がその語の用例として本当にふさわしいものであるかどうか、引用する前に再度原本に当たるという、気の遠くなるような作業を行った。これを初版のときに指導したのが前澤豊子《まえざわとよこ》さんである。前澤さんはもともとは小学館の社員ではなく、日本大辞典刊行会が設立されてから入社しているのだが、その前は都立高校の国語の先生だった。

この原本に当たる作業は専門的な知識が必要で、主に大学院生が実働部隊として働いていた。初版のときにいた大学院生は、ほとんどがのちに著名な研究者となっている。

たとえば、辞書編集者の世界を描いた小説『舟を編む』の作者、三浦しをんさんの父上もその一人である。千葉大学名誉教授の三浦佑之《すけゆき》さんで、古代文学・伝承文学がご専門である。二〇〇二年にご著書の『口語訳　古事記』がベストセラーになった。

前澤さんの話では、三浦佑之さんはとても物静かなかたで、黙々と原本に当たる作業をこなしていたらしい。古い時代の資料は写本で伝わってきたため、同じ書名、たとえば『平家物語』などがそうだが、テキストが違うと内容がかなり異なることがある。語釈の執筆者が用例を引用したテキストが、『日国』として用例を引用すると決めたテキストと違う場合は、その語のあるページは一致しないし、文章もかなり異なる場合は、該当する部分を探すのがとても難しい。特に、漢字一字の語だと文章の中に埋もれてしまうので、見つけ出すのは容易ではない。だが、三浦さんは実に楽しそうに原本に当たっていたという。

漢字一字の語とは、たとえば「書《しょ》」のようなものがそうである。「書」には、文字を書くという意味の他に、手紙や記録などの意味がある。『日国』ではこれらを三つに意味分けし、そこに用例をそれぞれ四〜七例引用している。「書」の用例とは、たとえば平安時代の弘法大師空海の漢詩文集『性霊集《しょうりょうしゅう》』や、江戸時代の怪異小説『雨月《うげつ》物語』の作者として有名な上田秋成《うえだあきなり》の随筆『胆大小心録《たんだいしょうしんろく》』などである。これらの例をすべて原本に当たることになる。

原稿を書く前に『日国』で用例を引用すると決めたテキストを執筆者に提示して、引用した部分が何ページと何行目にあるかメモ書きしてもらえば、効率的に探せるのではないかという考えもあるかもしれない。だが、テキストが複数存在する文献は、『日国』で引用するテキストの優先順位を決めてはいても、専門家にその順位をきちんと把握してもらうのは無理だったのである。そのようなことに気をとられるよりも、原稿の執筆に専念してもらいたかったわけである。だからこそ、原本に当たり直す仕事はなくてはならなかった。後述するが、用例主義を掲げる『日国』の中枢となる部分を、地味ではあるが担ってもらったことになる。

該当個所を見つけるためには、その語がありそうな部分に当たりをつけて、前後を広範囲に丹念に読まなければならない。そしてその部分を見つけたとしても、その意味の例として正しいかどうか判断しなければならない。かなり根気のいる仕事なのである。

以前、三浦しをんさんにお目にかかったときに、

「お父様は若い頃『日国』の仕事をなさっていたのですが、ご存じでしたか」

とうかがったことがある。すると三浦さんは、

「もちろん知っています。むしろ父から、お前は小説で辞書の世界を書いただけだが、私は実際に『日国』の編集にかかわったことがあるんだぞ、と自慢されてしまいました」

とおっしゃったのである。三浦佑之さんはそのように思ってくださっていたのかと、ちょっとうれしくなった。

もちろん『日国』第二版でも、この用例を原本に当たり直す作業は行っている。新しく採取した用例だけでなく、初版のときに引用した用例でも、さらに信頼の置けるテキストが入手できたものについては当たり直しをした。この第二版では前澤さんの指導を受けながら、私が六十名ほどの若い大学院生たちを仕切った。前澤さんは私の亡母と同年齢であるが、師匠のようなかたなのである。

さらに前澤さんには、どの時代のどういう資料が大切か、またそれをどのように扱うかを、手取り足取り教えていただいた。今私が多少なりとも日本語の歴史について

語れるのも、すべて前澤さんのおかげである。

もう一人、近藤《こんどう》豊勝《とよかつ》さんは、近世文学の研究者で『江戸遊女語論集』という著作がある。近藤さんも前澤さん同様、もとは都立高校の国語の先生だった。私が尚学図書に入社したとき、近藤さんは『日本方言大辞典』（一九八九年）を担当していた。私はこの辞書の編集は担当しなかったが、刊行後にかかわるようになる。

このような人たちの中に、大学出たてのひよっこが飛び込んだわけである。それも辞書編集のことなどまったくわからず、自分が本当に辞書編集者になりたいのかどうかすらわからないまま。

そんな人間が、『日国』初版を経験した人たちだけでなく、多くの専門家や読者と出会ったことによって、辞書は面白いと感じ、辞書編集者歴三十七年などと名乗るようになってしまったのである。人生はつくづくわからないものだと思う。

第一章

「辞書編集者」とは何者か？

辞書編集者なのに明るい？

「神永さんて、辞書編集者なのに明るいですね」

と言われたことがある。それも一人ではないので、そう思っている人はけっこういるのかもしれない。明るいと思われることは嫌ではないのだが、よくよく考えてみるとどこか変だ。「辞書編集者なのに」というところが気になる。一般の人たちは辞書編集者に対して、いったいどういうイメージを抱いているのだろうか。

ひょっとすると私にそのように言った人たちは、辞書編集者とはまじめで、黙々と仕事をするタイプの人間だと思っているのかもしれない。そういえば、三浦しをんさんの小説『舟を編む』の主人公の名も馬締《まじめ》さんだった。そして、この馬締さんも物静かなタイプで、明るいキャラクターではない。

もちろん辞書編集者の中には、そのようなまじめを絵にかいたような人も確かにいる。馬締さんのモデルの一人だと言われている辞書編集者も、会社が違うので本当のところはわからないが、何度か会った印象では間違いなくコツコツ派だと思う。

だが、今の私を知っている人には信じてもらえないかもしれないが、私もかつてはまじめとは言えないが、根暗の方であった。

先輩社員から、

「お前はネクラなのに言いたいことを言うから、みんなに嫌われるんだ」

と言われたこともある。そういえばこの「ネクラ」ということばも、一時かなり流行ったが、今ではほとんど聞かなくなった気がする。

私がかつて決して明るい人間でなかったことは、最近頻繁に会っている学生時代の友人からも、

「君は昔は暗い感じだったよな。それがいつからそんな風になったんだ」

と言われたことがあるので、確かなのかもしれない。だが、その友人が学生時代の私のことを暗いと思っていたことも意外だったが、「そんな風」とはどういう風なんだと気になってくる。

いつから「そんな風になったのか」と聞かれても返答に困る。だが、もし私が変わったのだとしたら、辞書編集者だと胸を張って言えるようになってからだと思う。そのきっかけの一つは、『使い方の分かる類語例解辞典』(一九九四年)という類語辞典の編集を通じて、私自身がことばの面白さに目覚めたからのような気がする。さらには、二〇一〇年から辞書の検索サイト「ジャパンナレッジ」で、「日本語、どうでしょう?」というコラムの執筆を開始したことも大きいと思う。このコラムによって、辞書編集者という立場から、ことばを読み解く面白さを、自分のことばで発信するようになったからである。

辞書編集という刑罰

とは言うものの、辞書編集の仕事自体は、決して明るく楽しいものではない。
頼まれて辞書の話をするとき、マクラで十九世紀のイギリスでは辞書編集という刑罰があったらしいといった話をしている。かなり重い刑罰だったらしいので、私のように入社してほどなく辞書編集部に配属され、すでに三十七年以上も辞書とかかわっているのは、社会人になった途端、終身刑の宣告を受けたようなものであると付け加えて。

辞書編集とはどういう仕事なのかあまりご存じないかたも多いだろうから、まずはそのイメージだけでも思い描いていただきたいと思って、そのような話をしている。辞書編集とは、語彙の採集を行ったり、用例を探したり、ゲラ（校正刷り）に目を通したりと、毎日単調な仕事の連続である。まさに継続は力なりといったことばがピッタリの仕事なのだ。

実はこの刑罰の話は、『日本国語大辞典（日国）』の第二版の編集を進めていたときに、作家の井上ひさしさんから直接お聞きしたものである。ただ井上さんはこの話の根拠は示されなかったので、真偽のほどはわからない。

井上さんが編集部にいらっしゃったのは、一九九九年十一月のことだった。当初予定していた『日国』第二版の刊行の時期は刻々と迫っていたものの、販売部からは刊

『日本国語大辞典』第二版

行しても採算は見込めず、大幅な赤字になると言われ始めていたときのことである。どこかで聞いたような話だが、編集部は社内的にかなり厳しい状況に追い込まれていた。社内の一部には、第二版の刊行は見合わせるべきだとの強硬な意見すらあった。刊行はすべきだが、『日本国語大辞典』という書名がよくないので、第二版刊行に合わせて別の名前に変えてしまおうという意見も、販売部を中心にあった。『広辞苑』のような書名の方が売れるのではないか、というのがその理由である。

これには、『日本国語大辞典』という書名がいったいどこで切れるのかわかりにくいといった意見も影響していた。「日本・国語大辞典」なのか、「日本国語・大辞典」なのかという。さらには『日国』の前身である『大日本国語辞典』の「大」と「日本国語」をひっくり返しただけではないかという意見もあった。

井上さんは小学館の社内がそうしたさまざまな問題で揺れていると、どこかでお聞きになったらしい。書名は従来通りでよく、『日本国語大辞典』として刊行し続けることが小学館の使命である、といったお話をなさりにいらしたのである。

本当にふらりという感じで編集部に現れ、

「やあ、皆さん、こんな辛気くさい仕事をよく続けていられますね」

と、井上さんらしいユーモアも忘れずに。

それに続けて、

「皆さんは刑期を務めていらっしゃるのです」

と刑罰の話をしてくださったのだった。

井上さんは以前から『日国』を愛用されていて、ご自分の『日国』には随所に書き込みを施し、まさに世の中に一冊だけの「井上ひさし版『日国』」になさっていたほどのかたである。第二版の改訂内容をご報告したところ、用例が初版の七十五万例から百万例に増えること、各用例に年代を入れたこと、同訓異字の違い、すなわち主要な和語で読みは同じでも異なる漢字を当てるものに、それぞれの字義と用法とを解説する欄を設けることを高く評価してくださった。

井上さんが編集部に来てくださったことにより、第二版刊行に向けての社内の風向きもかなり変わっていった。

そして『日国』第二版は、二〇〇〇年から翌々年にかけて、無事刊行の運びとなったのである。

辞書にもさまざまな規模、ジャンルがある

辞書編集者がどのような仕事をしているのか、ここで簡単に触れておきたいと思う。
一口に辞書の編集といっても、ジャンルや規模、読者対象などによって大きく異なる。三十七年の間に辞書編集者として私がかかわった主な辞書を、以下に掲げてみる。これだけでも、さまざまなジャンルの辞書があることをおわかりいただけるのではないだろうか。

『国語大辞典』(一九八一年)
『現代国語例解辞典』(一九八五年)
『言泉』(一九八六年)
『例文で読むカタカナ語の辞典』(一九九〇年)
『使い方の分かる類語例解辞典』(一九九四年)
『日本国語大辞典』第二版(二〇〇〇~〇二年)
『標準語引き日本方言辞典』(二〇〇四年)
『日本語便利辞典』(二〇〇四年)

『美しい日本語の辞典』（二〇〇六年）
『ことばのえじてん』（二〇〇八年）
『例解学習国語辞典』（初版は一九六五年　二〇一〇年刊の第九版、二〇一四年刊の第十版を担当）
『例解学習漢字辞典』（初版は一九七二年　二〇一四年刊の第八版を担当）

私が最も長くかかわったのは『日本国語大辞典』第二版で、これについては別に詳しく述べるが、第二版は総項目数四十五万、用例数七十五万だった初版を、大幅に増補して五十万項目、百万用例にしたものである。専門家のチームが辞書に収録するための語彙と用例の収集を行い、集められた用例をもとに、新しい見出し語を立てたり、語釈や用例を追加したりするのが、辞書編集の基本的な流れである。

ただし、辞書編集の手順は辞書の種類によって若干異なるので、もっと詳しくお知りになりたいかたは、私と同じ辞書編集者だった、元三省堂の倉島節尚《くらしまときひさ》さんの『辞書と日本語　国語辞典を解剖する』（光文社新書）、元岩波書店の増井元《ますいはじめ》さんの『辞書の仕事』（岩波新書）という本があるので、ぜひそちらもお読みいただきたい。さらに、「序章」で紹介した、『日国』関係者の、松井栄一《まついしげかず》先生、倉島長正《くらしまながまさ》さんの著書も、近代の辞書の歴史や、それにかかわった辞書編集者の仕事がわかる内容なので、こちらもお読みいただければと思う。

ゲラを出すまでの間、辞書編集者は何をする?

ことばや用例の採取は辞書編集者が行うこともあるが、辞書編集の基礎作業とも言えるこの段階では、そういった作業は研究者に任せて、編集者はコーディネーター的な役割に徹することの方が多い。集まってきたことばや用例を、辞書に掲載するかどうか検討するために整理をするという作業である。そしてそれをもとにして、実際の項目の選定を行うわけである。この項目の選定は、小型の国語辞典の場合は研究者で構成された編集委員会で、『日国』のような大型のものになると、語彙のジャンルごとに組織された専門家のチームで検討する。

項目の選定が終わると、次にそれらの項目の執筆を専門家に依頼する。その際には「執筆要領」も添えて、執筆者にある程度形も整えて執筆してもらう。「執筆要領」は、執筆のためのマニュアルで、言ってみればその辞書の法律のようなものである。見出し語の表示方法、語釈の書き方、用例の示し方などが事細かに書かれている。ただし、その内容は辞書によって異なる。この「執筆要領」を作成するのも、編集部の重要な仕事である。

原稿が仕上がってくると、「原稿調整」と言って、「執筆要領」に従って書かれているかどうかチェックする作業が待っている。そして印刷所に入稿、というのが大まかな流れである。

ただ、最近は原稿もパソコンのワープロソフトで書かれることが多いため、編集作業もパソコンの画面上で行うことが増えてきた。近年は編集支援のためのシステムを各辞書の体裁に合わせて独自に開発して、そこに必要な内容を入力していくことも行っている。入力した内容は、紙面になった際にどのように表示されるのか、画面上で即座に確認できるようになっている。手書きの原稿を印刷所に渡し、校正刷りが出てくるのを待っていた時代とは、隔世の感がある。

印刷所に渡した原稿は、ゲラと呼ばれる紙に印刷された形で出てくる。これが初校である。

途方もない分量のゲラを読み続ける

ゲラという語は聞いたことがあっても、実際にこの語を使ったことがないというかたは、大勢いらっしゃるかもしれない。早い話が校正を行うための校正刷りのことである。普通はゲラと呼んでいるが、ゲラ刷りを略したことばである。編集者は、「ゲラを読む」とか「ゲラに赤字を入れる」などといった使い方をしている。

どうしてこれをゲラと呼ぶのかというと、印刷所で組み終わった活字の版を入れておく、底の浅い木製の盆のことをかつてそう呼んでいたからである。ゲラは英語のgalley に由来する。galley などとは耳慣れないことばかもしれないが、ガレー船のガレーと語源が同じなのである。ガレー船は古代から中世に地中海で用いられた多数のオールを持つ軍用船のことである。年配のかたなら、チャールトン・ヘストン主演のアメリカ映画「ベン・ハー」(一九五九年)で、主人公のベン・ハーが奴隷の身分に落とされて漕ぎ手として働かされる船がそうだと言えば、すぐにおわかりいただけるかもしれない。ベン・ハーがガレー船の漕ぎ手になったのも刑罰だった。だとすると、辞書編集者はそのガレー船と語源を同じくする「ゲラ」を読まなければならないのだから、辞書編集とはやはり刑罰と深い関係があるのかもしれない。活字の版を入れておく木製の盆をなぜ galley と言うのかよくわからないが、ガレー船と形状が似ているからなのだろうか。

このゲラを読みながら、文章を整える作業を行うのだが、これを「調整」と呼んでいる。小型の国語辞典でも優に千ページは超え、しかも一ページはほとんどが三段組となっているので、文字数は大変な分量である。これを毎日コツコツと読んでいかなければならないわけだから、いやでも忍耐力が試される。とても根気があるとは思えない私が、なんとか三十七年間勤めあげられたのは、忍耐力があるというよりも、たぶんこの仕事が体質的に合っていたからだと思う。

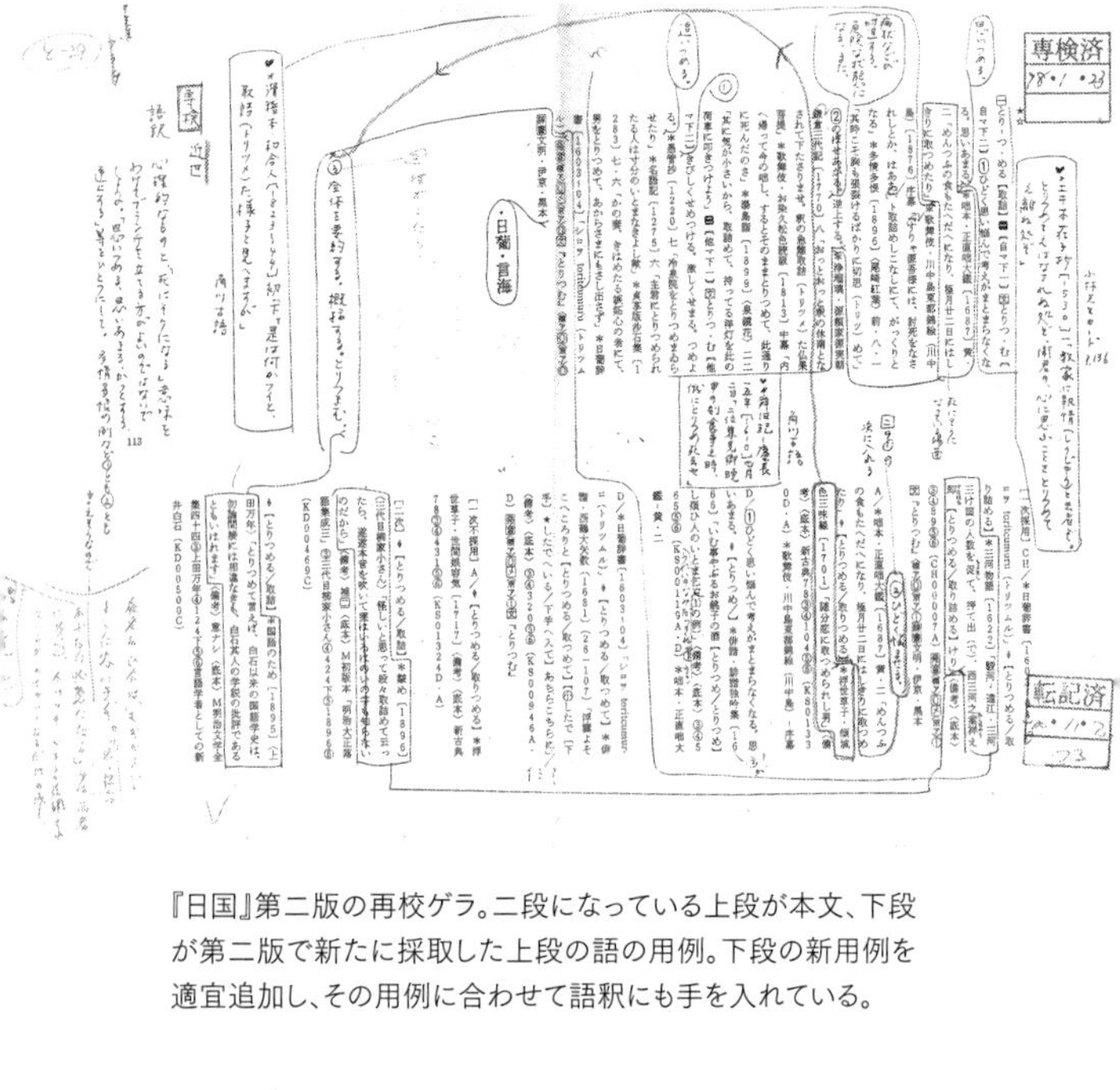

『日国』第二版の再校ゲラ。二段になっている上段が本文、下段が第二版で新たに採取した上段の語の用例。下段の新用例を適宜追加し、その用例に合わせて語釈にも手を入れている。

国語辞典は五十音順になっているわけだが、日本語は漢語由来のことばが多く、か行、さ行、は行にそれら漢語が多い。特にさ行の「し」はいちばん語数が多い。「し」「じ」「しゅう」「じゅう」「しょう」「じょう」「しん」「じん」などで始まる語がたくさんあるからだ。ゲラを読んでいて「し」にぶち当たると、来る日も来る日も「し」で始まることばと格闘しなければならない。これは経験した者にしかわからない苦行である。そしてこの「し」～「そ」、つまりさ行が終わったあたりで国語辞書ではちょうど半分くらいのところに当たり、ゲラの調整も折り返しとなる。

五十音別の日本語の分布を見ると、「さ行」の次の「た行」で始まる語も、漢語がそこそこあるのでけっこうつらい。これが「な行」に入ると、漢語が少なくなり和語が増えてくるので、「なにぬねの」は比較的変化があって気持ちよく進行していく。そして、最後の難関、「は行」が待ち受けている。「は行」も漢語が多くけっこう手ごわいのである。

以上は辞書のゲラを何度も「あ」から「ん」まで読んだことのある私の感想なのだが、他の辞書編集者がそんなことを考えながら仕事をしているのかどうかはわからない。

ゲラ一校当たり五万四千枚を、六校以上取る?

意外かもしれないが、辞書でも校正や校閲は専門のかたにお願いしている。そのかたたちは、かなり特殊な技能の持ち主と言えるかもしれない。かつて小学館の社内に校閲部門に当たるクオリティーセンターというセクションができたとき、辞書の校正・校閲を頼んだら、辞書だけはやらないと即座に断られてしまった。約束事がやたら多い辞書の複雑な内容には対応できない、ということだったらしい。だが、断られたことによって、辞書の校正の大変さを理解してくれたのだと、逆に少しだけ誇らしい思いがしたものである。結局、辞書の校正者は独自に探すか育てるしかなかった。

辞書に限らないのだが、最初のゲラを初校、二回目以後を再校、三校、四校……と呼ぶ。それをその都度、校正者や編集者などいろいろな人が目を通していくわけである。

雑誌などでは再校までで終わらせるのが普通だが、辞書の場合は、五校、六校くらいまで取ることがある。以前ある雑誌の取材を受けたときに、取材に来た記者が、編集部に転がっている要三校、要四校というゴム印を見つけて大変驚いていた。辞書の取材に来て感心するのはそこ?という気もしないではなかったが。

五校、六校を取っても、それで終わらないときがある。そうなると、念校、念々校などと呼んで、さらに校正刷りを取り続ける。

『日国』第二版のゲラ置き場

『日国』のような膨大なページ数のものだと、一校当たりの用紙だけでも相当な枚数である。初校から三校くらいまでは、ページに組んだときの一段分を一枚の紙に印刷して、校正刷りとすることが多い（48ページの図版参照）。『日国』第二版だと、一ページは三段組なので、総ページ数約一万八千ページの三倍、約五万四千枚もの紙が校ごとに必要になる。四校以降は一ページを三段組にしてA3の用紙一枚に印刷していたが、それでも総ページ数と同じ枚数の紙が使われる。会社の上層部から、『日国』の校正刷りを出力する紙代だけでどれだけかかると思っているのかと、かなり厳しい調子で言われたこともあった。

校閲の指摘から辞書編集の大変さを知る

私が新入社員として尚学図書辞書編集部に配属になったときは、編集部では『国語大辞典』（総ページ二六四二）という辞書の編集を行っていた。この辞書は『日国』の初版をもとに、項目数や用例を減らして一冊本にした簡約版である。そしてこれが、私にとって辞書編集者としてのスタートになる。

私が『国語大辞典』で最初に行った仕事は、校閲による指摘や書き込みを自分でも調べて採用するかどうか判断することだった。いかに人手が足りないからと言って、辞書編集の経験のない入社一年目の者にそのような責任のある仕事を任せるのはいかがなものかと、今でも思う。だが、このときの経験が間違いなくのちに大変役に立った。

そのときの校閲は、ある総合出版社で長い間校閲部長をしていたかたが興した、社員三名の小さなプロダクションが行っていた。

社長がほとんど一人でゲラに手を入れていたのだが、その仕事は実に細かなもので、すべての項目に専門辞典や百科事典、書籍などとの相違点や、社長自身の疑問点がびっしりと書き込まれていた。その内容は山や樹木の高さや湖沼の面積などのデータの違いから、意味に関して諸説ある場合の他の説まで、多岐にわたっていた。

『国語大辞典』は当時の一冊ものの辞書としては最大の、収録語数約二十五万項目を目指していた。ところがそれだけの分量でありながら発刊時期が決まっていて、印刷所への戻しのスケジュールが最優先されていた。そのため、項目すべてを校閲者がチェックするとなると、とても時間が足りない。最初は初校で行っていた校閲の作業は、私が入社したときには初校を印刷所に戻すスピードについていけず、再校ゲラで行うようになっていた。辞書の場合、初校、再校などの各校は、単行本などと違ってまとめて一度に出校するわけではない。また印刷所への戻しも、校ごとにまとめてではなく順次行う。従って、戻しのスケジュールが優先されるときは、前の校で間に合わなかった作業を次の校に送ることはよくある。

この校閲の仕事は、辞書に書かれている内容はすべてが正しいと思い込んでいた大学出たての若造にとって大変な驚きだった。辞書の内容に疑問を呈されることなど、考えてもみなかったからである。そのうえ、そうした疑問が出される以上は、それをしっかりと受け止め、すみやかにそれなりの判断をしなければならない、辞書編集の仕事の大変さをまざまざと思い知らされた。

この仕事をしたのはわずか一年ほどだったが、どんなに定評のある辞書の内容でも、それを鵜呑みにしてはいけないということを学んだ。別の言い方をすれば、いかにも辞書編集者らしい、懐疑的な性格になったということなのかもしれない。

「辞書は発刊と同時に改訂作業がスタートする」

駆け出しの辞書編集者だったとき、上司に言われて深く印象に残っていることばがある。「辞書は発刊と同時に改訂作業がスタートする」というものである。多くの辞書は改訂版を刊行することが前提となっているが、次の改訂に向けた作業は発刊と同時に始まるので気を許すなという意味だ。だが、長年辞書編集にかかわってみると、発刊よりもさらに前、ゲラを校了にしたときから改訂作業は始まるという方が実情に近い気がする。

本文を五十音の順に校了にしている最中にも、すでに校了してしまった前の部分に、ああすれば良かったこうすれば良かったという点が、次から次へと見つかってしまう。たとえば、『日国』では可能な限りそのことばが使われた最も古い例を載せるようにしている。ところが、五十音の後半の音で始まる語のゲラを見ていて、すでに校了にしてしまった五十音の前の方のことばの最古の例を見つけてしまうことがある。まだ実際には刊行されていないのに、すぐにでも改訂版を出したいというのが本音なのである。

辞書編集部には、このような後悔の念(?)や、刊行後に指摘があったり、自分で気づいたりしたことを書き留めておくために用意した一冊(一セット)の辞書がある。「訂正原本」と呼んでいるのだが、とてもお見せできるものではない。辞書に誤りがないと思っているかたには特に。

そのようなわけで辞書の改訂版とは、新語を増補するだけでなく、このように前の版の不備を正すことも目立たないながら(そのようなことはいっさい宣伝できない)、とても重要なことなのである。だとするともうお気づきであろう、辞書編集とはエンドレスなのである。

ひとたび終わりの見えないこの渦に飲み込まれてしまうと、抜け出せなくなってしまう。かくいう私もその一人だったのかもしれない。三十七年間辞書編集部に在籍して、他の部署への異動を考えたことがなかったわけではない。『日国』第二版の刊行

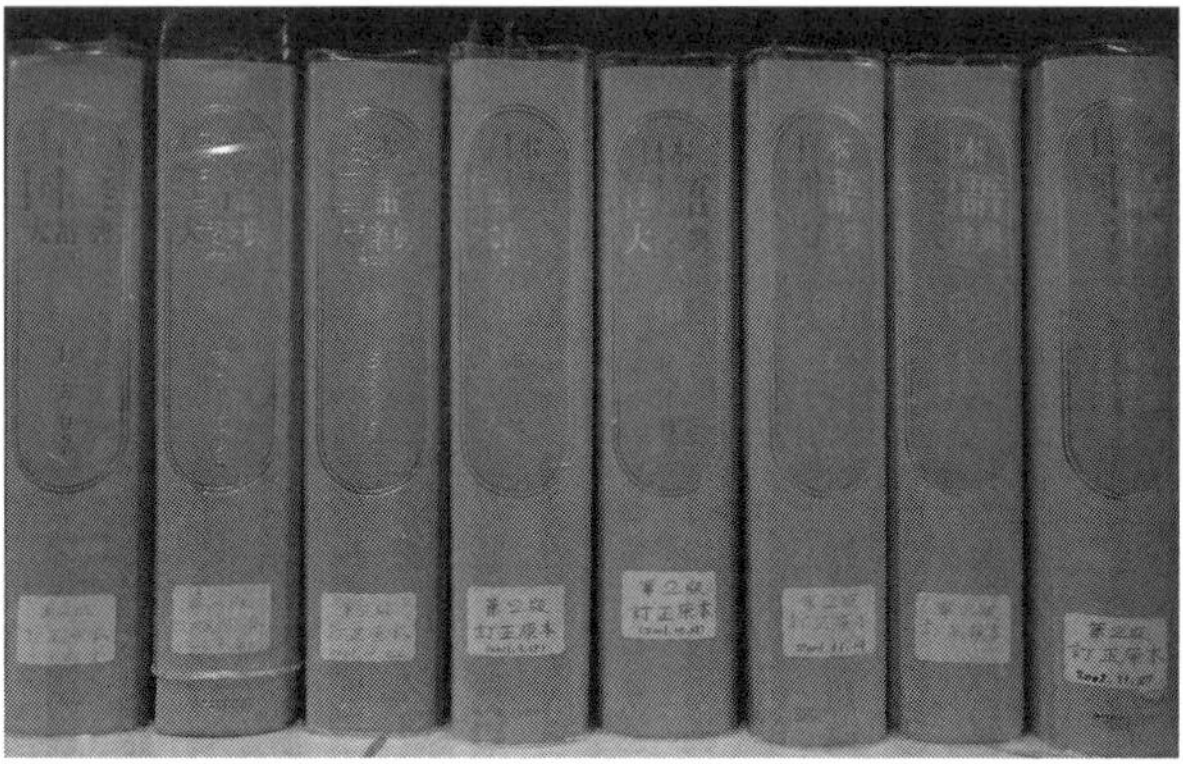

『日国』第二版の訂正原本

が無事すんだ頃には、辞書以外の仕事に移れるのも年齢的に考えて今しかないと思い、これから主流になると感じたインターネット部門への異動を希望したこともあった。だが、上司から慰留され、また、次の改訂ではこうしようとか、新しい辞書ではこんなことをやってみたいといった思いも強く、結局ずるずるとこの世界に居続けてしまったのである。

辞書編集者の育成という難題

辞書の編集は、私にも続けることができたくらいだから、決して難しいものではない。根気が必要なのではないかとお思いかもしれないが、〝私の辞書〟には「根気」「忍耐力」という文字はないくらいだから、そのようなものは必要ない。

では、何が求められるのかというと、ことばに関する興味であり、ことばに対する探究心である。それさえあれば誰にでもできる仕事だと思う。もっとも、面白いからぜひ！とお勧めしたいような仕事ではないが。でもそれでもいいというかたは、ぜひ飛び込んできてほしい。

このようなことを言うのは、どこの組織も同じであろうが、辞書編集の世界でも後継者の育成が重要課題だからである。

私が最初に所属していた尚学図書の辞書編集部は、『日国』初版経験者の第一世代と、経験していない第二世代とにはっきりと分かれていた。第一世代は「序章」で紹介した錚々《そうそう》たるメンバーで、松井栄一先生をはじめとする編集委員の先生がたのご指導のもと、外部スタッフの協力を得ながらも自分たちの力で一から『日国』を作り上げた強者《つわもの》である。初版の編集委員は松井先生の他には、市古貞次《いちこていじ》・金田一春彦《きんだいちはるひこ》・見坊《けんぼう》豪紀《ひでとし》・阪倉篤義《さかくらあつよし》・中村通夫《なかむらみちお》・西尾光雄《にしおみつお》・林大《はやしおおき》・馬淵和夫《まぶちかずお》・三谷栄一《みたにえいいち》・山田巖《やまだいわお》・吉田《よしだ》精《せい》一《いち》の諸先生がたがいらっしゃった。

第二世代は私とほぼ同世代の者が五名いて、そのような知識も技術もなく、辞書編集のやり方についてもかなり考え方の隔たりがあった。第一世代は大部分を自分たちでまとめ上げてきたので、今後もそのように自前で編集していけばよいと考えていた。だが第二世代の人間の中には、もう自分たち編集部の中だけでやるのは古い、優秀な外部スタッフに委嘱した方が効率的だと考える者も出てきたのである。一九八〇年代になって言われ始めた、「アウトソーシング」というやつである。

編集部から『言泉』（一九八六年）という総項目数十五万語の辞書が刊行された直後のことである。次の企画の体制を検討するに当たって、第一世代の『日国』初代編集長の倉島長正さんと、私ではないが第二世代に属する者の一人とで、そのことに関して大論争になった。

原稿がゲラになって出てきたものは、調整といって、形式や文章を整えたり、内容的に問題があるものには手を入れたりしなければならないのだが、それを編集部内でやってしまおうというのが第一世代の考えである。ところが第二世代は、調整は外部に委嘱できないのか、我々は編集部なのだから原稿の形式を整えるだけならまだしも、語釈の内容にまで深くかかわるのはやめるべきだ、と訴えたのである。第二世代の彼は、今までと同じ体制を続けているのなら、辞書の編集はできても、編集者として辞書に限らない何か新しい企画を出せと言われても、とうてい無理だと思って反発したのかもしれない。その気持ちはわからないでもない。

これに対して第一世代は、「外部に委嘱しても満足できるような内容にはならず、結局我々が見ることになるではないか」と答えたのだった。第二世代も負けてはおらず、「では人を育てればいいではないですか」と反論する。それを聞いた第一世代は、

「それができれば苦労はしない。そのようなことを言うのなら君がやってみろ。できないに決まっているから。それに君だってそんなことを言いながら、今まで有能な外部スタッフを育てられなかったではないか」と言う。これに対して第二世代は、「そういうことを言うのなら、あなたは何十年も何をやってきたのかということになるじゃないですか」と言い返したのであった。

だんだん子どもの喧嘩のようになってしまったが、外部スタッフの育成と、編集部でどこまで内容にかかわるかという問題は、私が小学館で辞書・事典の編集部を統括する立場になったときも変わらない課題だった。しかも外部スタッフの育成と言っているが、実は辞書編集部内の人材の育成こそ最大の課題だったのである。

辞書編集者はことばに興味さえあれば誰でもなれると書いたが、ことばに関する最低限の知識は必要である。辞書はさまざまな要素を盛り込んで一つの形に仕上げていくものなので、深くはなくても広い知識を持っていないと、どうしても全体をまとめ上げる仕事はできない。それができないのなら、辞書の中の一部分を担当するしかなくなってしまう。

だが編集部員の育成は、現在さらに厳しい状況にある。辞書の売り上げが右肩下がりとなっていて、経営的にも辞書プロパーである編集部員の育成が難しくなっているからだ。そうなると必然的に外部スタッフに頼るしかなくなる。この状況はおそらく、私が在籍していた小学館以外でも同様であろう。

私も退職するまでの数年間は、管理職として辞書編集部を統括する立場上、今後は「アウトソーシング」を拡大する方向に転換する、と言わざるを得なくなっていた。会社の方針で辞書編集部は存続させるが、不採算の個々の辞書は改訂しないことになっていたからである。

辞書編集部の平均年齢は高く、定年で辞めていく人間が続いても、人員の補充は言い出せず、もはや編集部の弱体化はどうしようもないことだと思うしかなかった。下からは、後継者の育成はどうするんですかという激しい突き上げにあったが、どうすることもできなかった。

会社を離れて、そのようなことを心配する必要がなくなった今でも、古巣の行く末が気になって仕方がない。

販売部の猛者との対立

出版社にもよるのだが、入社試験では編集や営業・販売といった職種を区別せずに採用して、入社してから各部署に配属させるところがある。ところが、同じように入社しているにもかかわらず、何年かその部署にいると、いかにもそれらしい考え方に染まっていくのだから面白い。長年出版社にいて感じたのは、出版というものに対する考え方が、編集と営業では少し違うような気がしたことであった。

どこの出版社でもそうなのかもしれないが、出版社は、編集の人間と販売の人間とが、お互いに反発しながら共存しているところだと思う。だから、本は売れたら編集の功績、売れなかったら販売のせい、などと言う人までいる。

あるときこんなことがあった。辞書や図鑑などでは新刊本が出たときに、出版記念特別価格と称して、期間を設け定価を下げて販売することがある。私が担当した『現代国語例解辞典』初版もそのような設定にした。ただ、好評だったこともあって、特別価格の期間が過ぎても元に戻さず、そのまま売り続けていたのである。するとさすがに他の出版社からクレームが来た。道義上許されるのかと言うのである。

これに対する当時の販売部長の返事が振るっていた。

「オレは頭が悪いのでそんな難しいことはわからない。許されるかどうかなんてことは、自分たちで考えてほしい」

特別価格の延長も、販売部長の発言も今では考えられないことである。ところが、当時はそれで通ってしまったのだ。そのおかげかどうかはわからないが、『現代国語例解辞典』初版は非常に売れた。

この販売部長は大変な猛者《もさ》で、

「オレは今までに本は三冊しか読んだことがない」

と広言したり、

「表紙さえ付けてくれれば、中身は印刷されていない白紙でも売ってみせる」

と豪語したりしていた。

もっとも「白紙云々」というのは、その後日本航空123便墜落事故を題材にした映画「クライマーズ・ハイ」（二〇〇八年公開　原作は横山秀夫作の同名小説）の中で、地方紙の販売局長がこれと同じ台詞を言っていた。出版や新聞の販売の人たちの間では、知られた言い方なのかもしれない。

だがこの販売部長は、やはり私が担当した『使い方の分かる類語例解辞典』に対しては、こう言った。

「オレはこの仕事を長い間やってきたから、中身は見なくてもタイトルを見ればわかる。こんな辞典は絶対に売れない」

当時、これには大いに反発したものだ。しかし、今私がこんなことを書けるのも、この類語辞典は部長の経験値はまったく役に立たず、現在も重版を続けているからである。

編集の人間は、自分が担当した本は売れると信じている。そう思わなければ、編集の仕事はやっていられない。これに対して販売の人間は、売れなかったときのための保険なのであろう、ネガティブな発言をすることも確かにある。

新刊本の発行部数は、ほとんどが販売部の売り上げ見込みによるので、編集と販売の駆け引きは今でも続いていると思われる。

宣伝部に「上から目線」で大失敗

出版社によって呼び名が異なるかもしれないが、営業には宣伝部というセクションがある。その名の通り刊行する書籍の宣伝、つまり新聞や雑誌広告、テレビやラジオのCM、最近ではインターネット広告を出す手配をする部署である。小学館の場合、似たような名称で広告部というのもあった。ただこちらは、自社で発行する雑誌に掲載する他企業の広告を取ってくる業務を行う部署で、仕事の内容がまったく異なる。辞書の場合、他の企業の広告を掲載することはないので、広告部とはほとんど接点がなかった。

だが宣伝部とはかかわりが深かった。というのも、毎月の書籍の発行点数は会社全体でみると非常に多い。従って、自分が編集した辞書や書籍の広告をいちばん効果的な媒体に載せてもらうために、宣伝部にも売り込まなければならなかったからである。

私がまだ三十代だったときに、宣伝部への売り込みには成功したのだが、詰めが甘く、大失敗をしたことがあった。

そのときは辞書ではなく、若手の言語学者の書き下ろしの著書を出版しようとしていた。本の内容は、ことばが本来持っている意味を超えて、さまざまな場面でコミュニケーションツールとして使われることを、詩歌や広告のコピーなど具体例を挙げながら解説したもので、原稿を読んで私は画期的な論考だと思ったのである。この手のやや専門的な内容の企画が承認されることは普段はあまりないのだが、なぜかそのときは全社の企画会議ですんなり通ってしまった。

発売日も決まり、あとはどのような媒体に広告を出してもらうかという段階になった。すると思いがけないことに、宣伝部の担当者から、連合広告（その月に刊行する書籍を何冊かまとめた広告）だが全国紙に載せるという連絡があった。ひと月の発行点数を考えたら破格の扱いである。喜び勇んで著者にも報告した。

だがここで私は、詰めを誤ってしまった。直後に宣伝部の担当者から、こんなメールが送られてきたからである。

「見本に目を通していたら、他社の辞書の語釈を引用しているんだけど、なんでうちの会社のを引用していないんだい」

確かにその通りなのだが、それには理由があった。そして、その理由だけを書けばよかったのだが、私は若かったせいもあって、なんでそんなこともわからないのかとほのめかすような返事を書いてしまったのである。

「前後をよくお読みいただけるとおわかりだと思いますが、あの部分は辞書というもの語釈の不備を指摘したものです。これはほとんどの辞書に共通することですので、そうした指摘の実例として、あえて自社の辞書を表に出す必要はないと考えました」

これでやめておけば、多少機嫌を損ねるくらいですんだのかもしれない。だがさらに、

「それでも我が社の辞書の方がいいとお考えでしたら、そちらにいたしますが、いかがいたしましょうか」

と書いてしまったのである。最近のことばで言えば、「上から目線」というやつである。もちろん今だったら、相手が誰であれこんな書き方はしない。もっとやんわりと、自社の辞書では不都合だと丁寧に説明したであろう。

その宣伝の担当者から、私のメールに対する返事はなかった。そして、広告が掲載される日に全国紙を広げてみると、別の書籍の広告に替えられていた。

あとでその広告の担当者に問いただすと、

「知らねえな、俺じゃないよ。誰か別の人間が勝手にやったんじゃねえか」

という返事。たとえ別の人間が広告を差し替えたとしても、書籍の宣伝担当者である彼が知らないわけがない。藪《やぶ》をつついたら、出てきたのは蛇《へび》ではなく狸《たぬき》だったのかもしれない。

この件で、私は会社組織の恐ろしさを、いやというほど思い知らされた。そして、

この本の著者には本当に申し訳ないことをしたと、今でも思っている。すぐに著者に謝罪はしたが、販売努力をしない会社という印象を持たれてしまい、私が悪いのだが、次第に疎遠になってしまった。その後も関係を修復できなかった。

第二章

辞書編集者の仕事とは？

新米辞書編集者、見本ページ作成のために遠路出張校正

私が尚学図書に入って最初に編集にかかわったのは、『国語大辞典』という辞書だったことはすでに書いた。だが、これは入社した翌年（一九八一年）秋に刊行されたので、ほとんど命じられるがままに仕事をしていただけだった。

そして入社三年目の一九八二年に、総項目数約六万五千語の小型の国語辞典と約二十万語の中型の国語辞典の企画が持ち上がり、私は小型の方を担当することになった。しかも、すでに動いている企画を受け持つのではなく、どのようなコンセプトの辞書にするのか、一から考えろと命じられたのである。思いがけないことだったが、少しだけ誇らしく思えた。当時の編集部は『日国』初版の編集委員だった松井《まつい》栄一《しげかず》先生をはじめ、「序章」で紹介した辞書のプロフェッショナルばかりの集団だったので、その人たちのアドバイスを受けながら、なんとか企画案をまとめることができた。

それが『現代国語例解辞典』（一九八五年）である。この辞書は企画から担当した初めての辞書であり、楽しかったこともつらかったことも、たくさんの思い出がある。

まず、企画のお披露目をするために、特徴的な項目を集めた印刷見本を八ページ分作ろうということになった。このクラスの辞書は類書が多いため、他社のものとの違いを早い段階から関係者に理解してもらうために、本番さながらの見本ページを作ろうと考えたのである。その原稿を実際に私が書くことになった。

この辞書の特徴として真っ先に考えたのは、類語の意味の違いを詳しく述べることであった。「愛嬌」と「愛想」のように混同して使われることが多い語の意味や用法の違いを、従来の辞書よりも詳しく記述しようというのである。さらには、一つのことばの情報を広げるために、補注欄を多数設けたいと考えた。飲食店などで勘定を請求するとき「愛想」と言うが、これは「お愛想」の形で使われることが多いということである。

その原稿の校正刷りが出て、それを『日国』初版の編集長で当時は社内の言語研究所という部署の主幹だった倉島長正《くらしまながまさ》さんにかなり自信を持って見せた。ところが、「これでは従来の国語辞典と何ら変わらない」と、真っ赤になるほど修正の赤字が入れられて戻ってきたのである。

その赤字を整理して印刷会社に校正刷りを戻そうとしたところ、その見本組は活版印刷（活字で組んだ活版で印刷するもの）だったため、印刷会社からは、これだけの赤字が入ると修正には相当時間がかかると言われてしまった。そのうえ、本番用の印刷機で試し刷りをしておきたいと考えていて、印刷機をすでに押さえてあるから、印刷を延ばすことはできないとも言われた。

そこで仕方なく、「出張校正」をすることになった。「出張校正」とは、編集者や校正者が印刷所に出向いて、校正刷りが来るのを待ってその場で校正することである。

その頃は、校正刷りが印刷所と編集部との間を行き来する時間を短縮させるために、雑誌などでは頻繁に行われていた。

『現代国語例解辞典』の印刷は、早い段階から『日国』と同じ図書印刷株式会社に発注することが決まっていた。この『日国』の印刷を行った印刷工場は、静岡県の沼津市にあった。旧東海道沿いの、向かいは駿河湾に面した千本松原《せんぼんまつばら》の景勝地である。ただ残念なことに、東海地震による津波の被害を想定し、海岸にはかなり高い防波堤が築かれていたため、もはや白砂青松《はくさせいしょう》の地とは言えなくなっていた。それでも、仕事でなければのんびりとした気分を味わえる場所だったと思う。しかし、工場の中にあった出張校正室に二日間缶詰めになり、校正刷りが出てくるのをひたすら待ち続けるだけだった。

ただあくまでも、印刷見本はその名の通り見本である。本番ならまだしも、企画書に添える見本のために泊りがけで出張校正に行ったなんて前代未聞だと、のちのちまで言われたものである。

そして、それがいけなかったわけではなかろうが、『現代国語例解辞典』の校了のときにも、本番の印刷が行われる沼津工場に出張校正に行くはめになった。しかも当初は二日間の予定だったが、そのときは手直しが思いのほか多く一日延長して滞在した。

工場の一室で待機するといっても、今と違ってモニター上で修正を行うわけではないので、校正刷りは五月雨《さみだれ》式にしか出てこない。工場の人たちが赤字通りに印刷用のフィルムに手作業で修正を施し、それを試し刷り用の印刷機で刷ってから、まだインクのにおいがする校正刷りを、待機している編集者のもとに見せに来るという手順なのである。

このときの出校待ちのときはとにかく暇で、校正する時間より待っている時間の方が長かった。そこで印刷会社の人が気を利かせて、その時間を利用して静岡県長泉《ながいずみ》町《ちょう》にあるフランスの画家ベルナール・ビュフェの美術館や、明治時代に小松宮彰仁《こまつのみやあきひと》親王の別邸として建てられた三島《みしま》の楽寿園《らくじゅえん》に連れ行ってくれた。今となっては仕事のつらさは忘れ、そういったところに行ったことが楽しい思い出となっている。

ただ、「出張校正」自体はこのときが初めてではない。『国語大辞典』のときにも経験していたのである。このときは、刊行直前まで編集作業がずれ込んでしまった付録のためだった。場所も同じ図書印刷の沼津工場で、編集長をはじめとする編集部の人間五名と、外部スタッフ二名という、かなり大掛かりなものだった。私は後発隊で三泊だけだったが、先発隊の二名は二泊長く滞在していた。

このときは、朝の九時から夜の十時頃まで、百ページ近い付録をみんなで手分けして校正した。特に六千字の漢字を収め、その漢字を使った難読語をそれぞれに示した漢字表は、間違ってはいけないので大変な手間だった。

楽しみと言えば三食決まった時間に用意される食事（それもかなり量が多い）を食べることと、仕事が終わってから飲むビールだけ。あとはほとんど休みなし。まさにブロイラーのような生活だった。先発隊の一人はそのときから太り始め、その後二度とかつてのスマートだった体型に戻ることはなかった。

入社二年目の新項目執筆で、落とし穴にはまる

話は前後するが、『国語大辞典』は当初、『日国』の一冊物の簡約版という位置づけだった。従って、『日国』同様初出例はもとより、用例を多数載せた日本語の歴史に重点を置いた辞書になるはずだった。ところが、刊行（一九八一年秋）の半年前に突然、新語と呼ばれる語も積極的に載せようという方針の変更がなされた。なぜそのようなことになったのかというと、その年の四月に平凡社の『世界大百科事典』の改訂版が刊行され、その中に新語が多数立項されていたからである。これらの新語は新聞の書評欄でかなり大きく取り上げられ、話題になった。

その記事を読んだ営業部門の担当者からの提案で、編集部でも新語集めと執筆を校了ぎりぎりまで行おうという話になったのである。いかにも泥縄的ではあるが、確かに「ソーラーハウス」「環境アセスメント」「アクセス権」「都市気候」「インターフェ

ロン」「プレートテクトニクス」「特異日」「ナショナルミニマム」「バイオマス」「排卵誘発剤」など、今でも聞くようなことばが多数抜けていた。

ただ問題は、それがいつの間にか私一人の担当になっていたことである。担当していた仕事が軽減されてのことではなかったので、かなり追い詰められた気分になった。それまでも新語の執筆をお願いしていた先生は一人いらっしゃった。だが、新たに載せたいと選定した語は、とてもそのかただけで書ききれる語数ではなかった。そこで窮余の一策として、私も何語か書くことにした。右に示したことばは、実際に私が書いた項目のごく一部なのである。入社二年目の社員に編集長もよく書かせたと、今でも思う。

ただ、私一人が加わったところで、焼け石に水でとうてい書ききれる分量ではなかった。しかも新語はここまでで終わりということがない。時間がたてば新しいことばが次々と登場してくる。そこで、編集部の人間にも頭を下げて、執筆をお願いすることにした。

そのような原稿の中に、「反面教師」という項目があった。意味は、「悪い見本として学ぶべき人。その人自身の言動によって、こうなってはならないと悟らせてくれる人」（『日国』第二版）である。出典は中国の毛沢東のことばらしい。

この「反面教師」は、最初の原稿では、「反動的な悪い面をさらけ出すことによって、一種の教育的効果をねらう教師」となっていた。今読み返せば確かにおかしな語釈だ。そもそも「反面教師」は教師ではないし、意図的に自分の悪い面をさらけ出しているわけでもない。ところが、私はその原稿を上司が書いたこともあってよく検討もせず、そのまま入稿してしまったのである。この原稿がゲラになった段階で『日国』初版編集長の倉島さんが読んで、私は散々叱られた。なぜこんなどうしようもない内容の原稿を入稿したのかと、大変な剣幕で怒鳴りつけられた。お前が書いたのかと聞かれたので、違うと答えて書いた上司の名前を言うと、責任逃れをするなとさらに叱られた。

原稿を書いた者よりも、それを見逃した者の方がなぜ叱られなければならないのか、理不尽さは感じたが、辞書編集者は誰が書いた原稿でも、内容のおかしな原稿には手を入れるのが鉄則である。それを怠ったのでは弁解の余地がない、ということを学んだのだった。

新語採集の泰斗、見坊先生の明解研究所にうかがう

『日国』初版では、近代の小説や評論からのことばや用例も数多く収録している。これらは主に、編集委員の松井栄一先生が採集なさったものである。

だが、それらには今まさに生まれたばかりの語、いわゆる新語はほとんど含まれて

いない。そこで、編集部として、新たに新聞や雑誌からもことばを採集しようということになった。新語の採集と言えば見坊豪紀《けんぼうひでとし》先生以外にはいらっしゃらないことから、直接のご指導をお願いした。見坊先生は『三省堂国語辞典』で有名だが、『日国』初版の編集委員でもあった。一九九二年に逝去されたが、新聞雑誌などから、百四十万枚もの用例カードを集めたかたである。

東京の大泉《おおいずみ》学園にある見坊先生の明解研究所に私が初めてうかがったのは、入社二年目(一九八一年)の五月のことであった。研究所とはいっても閑静な住宅地の中にある一軒家だった。中に入ると、何よりも、収蔵庫としていた部屋の壁面を埋め尽くしたカードの収納棚に圧倒された。そのカードは応接室にまであふれていたのである。

その応接室で、採集の具体的なやり方を教えていただいた。一日に採集する用例数を決めて行うこと、用例はなるべく前後の文章も残して多めに採取すること、などなどである。採集する用例数は一日当たり二十項目くらいを目標にしなさい、数を決めることによって継続してできるようになると、かなり具体的なご指示もいただいた。

「ことばの採集は内容を読むのではなく、ことばを読む人にしかできない」

とおっしゃっていたのが印象的だった。ある文章の中からことばを採取する場合、文章の内容を読むのではなく、その文章の中でそのことばがどのように働いているのかを読めるようにしなさいということなのであろう。ただ、入社二年目の私は、とてもそのような境地にはいたらなかった。

ひょっとすると見坊先生がおっしゃっていたのはこのことか、とようやく思えるようになったのは、私の場合は六十歳近くになってからである。ことばの採集をしていて、そのことばが文章の中で、何か特別な機能を持って存在しているように感じることが確かにある。松井栄一先生も以前、文中でことばが輝いて見えるときがあるとおっしゃっていた。

その後、六月、七月と一回ずつ研究所を訪ね、実際に採集を始めたカードを見ていただいた。見坊カードは短冊形で、書き込みをするためのマス目が印刷されていた。だが、マス目は必須ではないとのことだったので、やや厚手の短冊形のカードを作って、そこに新聞や雑誌の必要な部分を切り抜いて張り込むようにした。

先生からは「慣れないときはどうしても、見たり聞いたりしたことのない珍しいことばばかりに目が行ってしまう。そういうことばも大事ではあるが、普通に使われていることばを採集しなさい」というアドバイスもいただいた。普通に使われていることば、みんながよく知っていることばも、文章の中での使われ方をよく見ると、従来とは異なる意味や用法のものがあるからである。

これらの新語カードはやがて『言泉』（一九八六年）、『例文で読むカタカナ語の辞典』（一九九〇年初版、一九九四年第二版、一九九八年第三版）などに活かされた。後者はいわゆる外来語辞典であるが、私は編集にもかかわっている。

現在、小学館辞書編集部の中での新語の採集は、デジタル版で定期的に増補している『大辞泉』チームが積極的に行っている。ただ、紙のカードではなく、パソコンを活用して新語を蓄積しているのであるが。

活版から電子組版への過渡期に、付録の漢字表で失態

『国語大辞典』の刊行後に編集を開始した『現代国語例解辞典』は、従来の活版から電子組版《くみはん》にとってかわる、まさに画期となるものでもあった。この電子組版が小型のコンピューターでさらに手軽に行えるようになったものが、現在のDTP（desktop publishing　デスクトップ・パブリッシング）である。

『国語大辞典』はまだ活版だったため、活版ならではの苦労があった。たとえば図版を挿入する場合、今ならコンピューターがその図版の大きさを計算してはめ込んでくれるのだが、人間が文字数と字間、それに行数を計算しながら入れていかなければならなかった。この仕事は正直あまり得手ではなかった。ちゃんと指定したつもりでも、一行増えていたり足りなかったりしたのである。

ところが、電子組版になったとたん、その技術がまったく必要なくなってしまった。ただ初期の頃は、いくらここに図版を挿入したいと指定しても、コンピューターが勝

手に字間の空きを均等に調整してしまうので、字間を無理やり狭くして一行に収めるなどということができず（活版の場合はそれが可能だった）、図版が思いもよらない場所にはめ込まれることも起こった。機械のあまりの融通の利かなさに辟易《へきえき》して、自分が苦手だったことを棚に上げて、人間の力はなんと偉大なんだろうと思ったものである。

新たな文字の作成も経験した。『現代国語例解辞典』初版のときのことである。この辞書は漢和辞典ではないので、特殊な漢字を使うことはほとんどないと安心しきっていた。ところが、付録に漢字表を載せようという案が持ち上がったことにより、刊行直前まで綱渡りのようなことをするはめに陥ったのである。その漢字表をほとんどの国語辞典がそうしているように、漢字の読みと簡単な意味、そしてそれに対応する熟語を載せただけのものにすれば問題はなかったのかもしれない。それが、「解字欄《かいじ》（解字＝漢字の音と字形を分析し、その成り立ちを解明すること）」も示そうということになったことから、泥沼に足を踏み入れることになってしまった。

漢和辞典の「解字欄」には、漢字そのものではない、漢字の一部分のような、文字のようだが通常の漢字ではないものが使われることがある。それが活字として存在しているものもあるのだが、そうではないときは、新たに活字を作成しなければならない。このような文字を「外字《がいじ》」と呼ぶ。たとえばＪＩＳに収められている漢字や符号以外の、ユーザーが独自に作成・追加した文字も「外字」である。印刷技術が進歩した今でも、この外字を作るのはけっこう大変なのである。

当時、図書印刷の関連会社で文字情報処理システムズという会社が東京の神田《かんだ》にあった。『現代国語例解辞典』初版の電子組版はそこで行っていたのである。漢字表に載せる外字の指示をするために、私は一週間ほど編集部には出社せず、そこに通うことになった。幸い、沼津のように泊りがけではなかったが。

オフィス内には私の席まで用意してもらった。出来上がった外字をＦＡＸで編集部に送り、言語研究所主幹の倉島長正さん（『日国』初版の編集長）の裁可を仰ぎながら確定していく。それはそれでつらい仕事だった。だが、電子組版が産声を上げたばかりの時代に、電子組版を実際に行っている現場で仕事をした辞書編集者など、他にあまりいないのではないかと、少しだけ自慢に思っている。

この漢字表に関しては後日談と言うべきか、のちのちまで尾を引いた出来事があった。今でも悔やんでいることで、時効などないのかもしれないが、自分の恥として告白しておく。

この漢字表では音（字音）は現代仮名遣いで示し、それとは異なる歴史的仮名遣いは括弧《かっこ》内に入れて示すようにしていた。たとえば、「高」「公」「光」は現代語ではすべて仮名遣いは「コウ」だが、かつては「高（カウ）」「公（コウ）」「光（クヮウ）」と区別されていた。もちろんそういう区別があることはいちおう知っていたのでそれらも示したのである。

ところが、漢字表で示した歴史的仮名遣いは旧来の説のもので、現在では歴史的仮名遣いとは認められていないものが入っていたり、必要なものが落ちていたりしたのである。専門家が書いたものとはいえ、それに気づかなかったのは私が不勉強だったからに他ならない。あわてて第二刷のものから修正することにしたのだが、読者に対して申し訳なさと恥ずかしさで、穴があったら入りたい気分だった。

ただ、現在の『現代国語例解辞典』第五版ではこの苦労した漢字表は分量の都合で「解字欄」だけが割愛されてしまった。つらい思い出がたくさん詰まった漢字表であるが、ちょっと残念な気がしないでもない。

装幀も編集担当者が作ってしまう

日本の辞書は、表紙は塩化ビニール（塩ビ）などの柔らかい素材のものにし、さらに本全体を厚紙のケースに入れている。おそらくここまで手厚くしているのは、日本以外にはないかもしれない。外国の出版社の辞書をお持ちのかたはご存じであろうが、ケースなどなく、表紙もやや厚手の紙製であることが多い。

ケースは、流通や店頭に置く際の保護を兼ねているのだが、これは書籍の販売方法によるところが大きい。というのも、日本では出版社が発行した新刊書は取次《とりつぎ》（「書籍取次」のことで、通常の流通業界の「問屋」に当たる）を経由して書店へと配本されるのだが、一定期限内であれば書店は書籍を取次を通して出版社に返品できるからである。つまり、日本の図書販売は委託販売制なのだ（一部にそうではない出版社もある）。返品できるということは再度出荷もできるということで、出版社としては返品される本はできるだけ新品に近い状態であってほしいと考える。外国に比べると過剰とも思えるほど丈夫なケースや表紙にしているのは、そのためである。

だが、保護材であってもそれが顔となって店頭に並ぶわけであるから、読者の目を引くためには、きれいなデザインにする必要がある。そのために装幀という仕事があり、専門家（デザイナー）もいる。ところが、私がいた尚学図書の辞書編集部では、驚くべきことに、装幀を装幀家に頼むという意識がなかった。どうしていたかというと、編集担当者が自分で装幀を考えていたのである。

『日本国語大辞典』初版しかり（題字は諸橋轍次《もろはしてつじ》氏）、『国語大辞典』しかり（題字は井上靖《いのうえやすし》氏）である。そして『現代国語例解辞典』も当然の成り行きとして編集部でということになった。初版は白をベースとしたケースなのだが、これは私ではなく当時の編集長が考えたデザインである。私の作品は、『使い方の分かる類語例解辞典』が第一作目だった。グレーの地でかなり渋いというか、地味なものである。

私が装幀した『使い方の分かる類語例解辞典』初版

のちに『現代国語例解辞典』も『類語例解辞典』もプロの装幀家のデザインに変更された。その見本を見て思ったのは、素人がデザインを行うと、味わいのないものにしかならないが、プロがやると当然のことだが一定のレベル以上のものになる。あとはそれが気に入るかどうかなのだ。

「類語対比表」を目玉に、高校の辞書市場に殴り込み

『現代国語例解辞典』では、類義語の差異を実際の例文の中で示した表組（「類語対比表」）を一千近く掲載した。これは今でも画期的なものだったと思っている。この表組は、松井栄一先生の発案なのだが、実はのちに刊行された『小学館　日本語新辞典』（松井栄一編　二〇〇五年）という辞書のためのものだった。『現代国語例解辞典』の刊行当時、『日本語新辞典』はまだ編集半ばで、刊行までかなり時間がかかる見通しだったため、先に刊行が決まっていた『現代国語例解辞典』にダイジェスト版を載せたのである。この表組は類語を比較するときに実にわかりやすいもので、私はその後も『使い方の分かる類語例解辞典』で採用している。

『現代国語例解辞典』に載せた表組はたとえばこのようなものだ（次ページの表参照）。「怠慢」「怠惰」「不精」という類語の意味の違いを例文を使って説明しようというのが、この表のねらいである。この三語の場合、怠けてするべきことをしないという意

	—を決め込む	気づかなかったのは彼の—だ	—な日々を送る	—をして返事を出さない
怠慢	○	○	—	—
怠惰	○	—	○	—
不精	○	—	—	○

『現代国語例解辞典』の「類語対比表」

味で共通している。表の○印は抵抗なく用いられる場合、—印は不適当だと思われる場合を表している。ここにはないが、用いることもできるが避けた方が無難なものは△印で示した。不適当なものを×印ではなく、—印にしたのは、文脈によっては使用できるケースもあるので、それに配慮したのである。

「気づかなかったのは彼の——だ」の場合、「怠慢」だけが適切なのは、仕事や義務を怠る場合は「怠慢」を使うのに対して、「怠惰」「不精」は主に生活の態度や様子、人の性質などについて使われる語だからである。「——な日々を送る」の場合は、「怠慢」は仕事に関して、「不精」は動作に関して使われることが多いため適切ではなく、「怠惰」はこれといって何もしないという意味を持つため抵抗がないのである。「——をして返事を出さない」では、「〜をする」という言い方は「不精」しか使えないうえに、「返事を出す」は、必ずしもしなければならないこととは言えないので、他の二語は使いにくいということである。分量の問題もあってこのような説明は辞書の本文に載せられなかったのだが、こうしたことを読み取ってほしいという表である。

ちなみにこの表組は『現代国語例解辞典』の最新の第五版にも、内容を実態に合わせて修正して残されている。その際に表組のデザインも変えている。斬新なデザインにはなったが、初版担当者としては、少しばかり読みにくくなった気もしないではない。あくまでも慣れの問題なのだが。

『現代国語例解辞典』はこの表組の他に、それぞれのことばに極力典型的な例文を示すこと、最も望ましい表記を一つだけ示すこと、以上のような特徴も持たせた。望ましい表記とは、たとえば「あかい」の場合は、「赤い」「紅い」「赭い」などと表記する。「赤い」は漢字「赤」も「あかい」という読みも、常用漢字表にある。「紅い」の「紅」は常用漢字だが、「あかい」とは読ませていない。「赭い」の「赭」は常用漢字外の漢字である。このような場合、通常の国語辞典では常用漢字表にその漢字や読みがあるかどうかという記号を付けて、三つの表記を並列的に示すことが多い。だが、『現代国語例解辞典』では、「赤い」が望ましい表記であり、残りの二つの表記は慣用的な表記であることが一目で理解できるような表記欄にしたのである。

これらが評価されたのか、この辞書は刊行された翌年の春の売り上げは十五万部に達する勢いだった。現在では年間の売り上げが十万部を超える辞書は、小学生向けの国語辞典以外は残念なことにほとんどない。この時代でも、売り上げ部数が十五万部を超える国語辞典はあまりなかった。売り上げの大半は高校の市場で、多くの高校から、一括採用、あるいは推薦辞書にしてもらうことができた。そのため、この当時高校市場では辞書がまとめて売れるのは英語の辞書、特に英和辞典だけだったのだが、国語辞典も売れることに各社が気づいてしまったのである。次の年からは、熾烈《しれつ》な国語辞典戦争が勃発した。

辞書の売り上げのピークは毎年四月である。その前後の三月から五月くらいまでの期間を辞典シーズンなどと呼んで、書店でもその時期に辞典コーナーを拡充することが多い。

辞書がいちばん売れるのは高校一年生で、学校まで出向いて辞書の販売をすることもあった。学校で売る辞書は、英和辞典、和英辞典、古語辞典、漢和辞典、国語辞典などである。それらは新入生の学校説明会の日に販売することが多いのだが、書店員だけでは手が足らず、出版社の営業部員や私のような編集部員までお手伝いに駆り出された。学校説明会の日は辞書類だけでなく、体操服や運動靴なども同時に販売される。まだ体があまり成長していない新一年生が、購入したそれらの商品を重たそうに抱えるようにして持って行く姿を見ると、気の毒に感じたものである。

販売のお手伝いは、一括採用の場合はその辞書の版元の人間が来るだけでよかったが、学校推薦の辞書が複数ある場合は、販売に来る出版社は一社とは限らない。そのようなときは、一つの書店が販売しているのに、出版社ごとに販売台にした机を別にして、それぞれ競争しながら売ることになる。あまり露骨な勧誘をすると学校からクレームが来て、翌年の推薦をもらえなくなるので、あくまでも書店員のような顔をして売らなければならなかった。

私が校内販売のお手伝いに行ったのは、『現代国語例解辞典』が発売になった翌年の一九八六年から五年ほどの期間だった。だが、やがて一括採用して生徒に同じ辞書を持たせようとする学校も少なくなり、また少子化で生徒数も減少しつつあって、校内販売は次第に下火になっていった。そして一九九〇年代になると高校でも電子辞書を販売させる学校が現れ、紙の辞書の売れ行きは、最も元気だった高校市場でも落ち込み始めていったのである。

第三章　思い出の辞書たち

『使い方の分かる類語例解辞典』――語彙の収集と分類、八年がかりの難事業

日本ではさまざまな辞書が出版され、辞書先進国だと言っても過言ではない。ただ、個々の辞書を見ていくと、まだまだ発展途上だと思う種類のものがある。その一つが類語辞典であろう。

類語辞典は、国語辞典に比べれば使用範囲は限られている。ところがこれが、文章を書く際に俄然《がぜん》威力を発揮する。最適なことばを選ぶのに役立ち、これを活用できれば表現力は確実にアップするからである。

日本では、類語辞典の使い方を学校で教えることはほとんどない。だが、イギリスでは小学校で類語辞典（thesaurus）を活用した授業を行っているという話を、後述する辞書引き学習の深谷《ふかや》圭助《けいすけ》先生からお聞きしたことがある。自分の意見を述べるとき、その内容に最もふさわしいことばを選択できるようにするために、類語の使い方を指導しているのだそうだ。

語彙力が大事だとはよく言われる。もちろん、いろいろなことばを知ることはとても大切だと思う。だがそれよりも、獲得した語彙にはさらにどのような類義語が存在し、それらはどのように異なるのかという、類語の体系を知ることの方がもっと重要な気がする。それを知っていれば、より適切なことばを選択できるはずだからである。

そのような考えから編集した辞書が、『使い方の分かる類語例解辞典』（一九九四年

編集委員 遠藤織枝《えんどうおりえ》・小林賢次《こばやしけんじ》・三井昭子《みついあきこ》・村木新次郎《むらきしんじろう》・吉沢靖《よしざわやすし》）であった。

『類語例解辞典』の企画が持ち上がったのは、『現代国語例解辞典』初版（一九八五年）の刊行後、この辞書に掲載した表組（「類語対比表」）を活用して、似た意味のことばの違いが即座にわかる辞書を新たに出版したいと考えたからである。

当時、主な類語辞典と言えば、角川書店の『角川類語新辞典』（大野《おおの》晋《すすむ》・浜西正人《はまにしまさんど》著　一九八一年）と、それをもとに現代語中心の辞書にした『類語国語辞典』（同著　一九八五年）、あるいは東京堂出版の『類語辞典』（広田栄太郎《ひろたえいたろう》・鈴木棠三《すずきとうぞう》編　一九五五年）と『表現類語辞典』（藤原与一《ふじわらよいち》・磯貝英夫《いそがいひでお》・室山敏昭《むろやまとしあき》編　一九八五年）という辞書があるくらいだった。他に、国立国語研究所の『分類語彙表』があったが、これは類語の語彙表と言うべきもので、純粋な辞書とは異なる。

もちろん、類語辞典の重要性を認識していた人は日本にも古くからいた。日本最初の類語辞典である『日本類語大辞典』（志田義秀《しだぎしゅう》・佐伯常麿《さえきつねまろ》共編）は、一九〇九年（明治四十二年）に刊行されている。この辞書は講談社が学術文庫に入れたり、復刻版を出したりしたが、どちらも現在は古本でしか入手できなくなっている。ただし、国立国会図書館のデジタルコレクションで閲覧が可能なので、興味のあるかたはぜひご覧いただきたい。古めかしさは否めないが、明治末年にこのような日本語の類語辞典を編纂しようとした意義はとても大きいと思う。

当然のことだが、類語辞典は意味の似たことばどうしを比較しようとするものなので、ことばを五十音順に配列するわけにはいかない。収録する語は、何らかの体系に沿って分類しなければならない。類語辞典の編纂は『日国』初版の編集長だった倉島《くらしま》長正《ながまさ》さんが大変熱心で、最初は倉島さんと、どのような分類体系にするのか、類語の説明の仕方をどのようにするのか、かなり激しいやり取りをした。そうした中で生まれたのが、最終的に『類語例解辞典』で採用した、類語のグループを作ってそのグループごとに解説する手法である。

解説のパターンとページのフォーマットは、まだワープロが普及していない時代だったので、私が手書きで本文のレイアウトをイメージした見本原稿を作成した。本になったときは縦組みにしたのだが、当初は横組みを考えていた。また、それに合わせて、多くの研究者に均一の原稿を書いてもらうための「執筆要領」も作成した。執筆のためのマニュアルである。もちろんこれも私の手書きだった。

最も苦労したのは、収録する語彙の選定とその分類である。先行の辞書や『分類語彙表』などを分析したのだが、どうもしっくりこない。分類はしているのだが、その体系がかなり恣《し》意的で、同じ意味のことばがあると、それに合わせてどんどん分類の枠を広げている感じだった。多少無謀であっても、収録するすべての語彙を、あらかじめ決められた分類の枠の中に収めた方が理解しやすいのではないかと考えたのである。

そこで独自の分類体系を作ろうということになった。そのときに参考にしたのが、「十進分類法」である。「十進分類法」とは図書分類法として使われているもので、一八七六年にアメリカのメルビル・デューイが創案した。日本の図書館ではそれをもとに作られた、「日本十進分類法」を使用している。大まかに言えば、知識の範囲を主題別に九つの「類」に分け、さらに総記類（特定分野に入れられない部門）を加えて合計十の「類」とし、その「類」の中をさらに十区分としたものである。

これを参考にしつつ『類語例解辞典』では、「人間の体」「人間の動作」「人間の性質」「一生」「衣食住」「社会生活」「文化」「自然」「事柄・性質」「物の動き」の十の大分類に分け、さらにその中を二十ずつの中分類、たとえば「人間の体」だと「全身」「頭」「顔」「目・耳」「鼻」「口」「首・あご」「手」「足」「胴体」「内臓・器官」「肌・毛」「成長」「呼吸」「分泌物」「排泄物」「病気・怪我」「血液」「妊娠・出産」「健康」に分けるという分類方式をとった。

全部で二百ある中分類はこのように固まった。ところがさらに悩んだのは、それぞれの分類の中にどのようなことばを収め、そしてその中で、語の比較をするためのどのような類語グループを作るかということだった。類語グループとは、たとえば「ぐずぐず」「のろのろ」「もたもた」という語がある。これらは、動作がはっきりしなかったり、遅かったりするさまという意味では共通している。だが、実際には細かなニュアンスが異なるわけで、こうした相違を一つのグループとして詳しく解説しようとしたものである。

項目の選定とそのグルーピングに関しては、私は手作業で行いたいと考えた。だが、倉島さんはせっかく印刷会社のコンピューターを使ってデータ処理ができるようになったのだから、それを活用しないでどうするという考えで、意見が対立してしまった。倉島さんは当時、言語研究所の主幹という立場で、実際の編集現場からは離れていたが、類語辞典に対しては深い思い入れもあって、口出しをしたかったのであろう。相当険悪な雰囲気となり、二人ともかなり感情的になってしまった。倉島さんが裏返った声で自説をまくしたてるものだから、私もつい、

「あまり興奮しないでください。議論にならないではないですか」

と言ってしまったこともある。さすがに倉島さんもそれで少しひるんだが、最終的にはコンピューターを使ったやり方で進める、ということで押し切られてしまった。私の方は、思わず口にした「あまり興奮しないでください」が、一時期編集部内の同世代の仲間の流行語になっただけだった。

倉島さんが主張した、コンピューターを使ったやり方とはこういうことだ。辞書の語釈には、見出し語になっている語の類義語が添えられていることが多い。そこで、

それを手がかりにして、同じ意味のことばを集めようという発想である。たとえば、「真実」という語では、類語の「本当」「まこと」といった語が語釈の中で使われることが、すべてとは言えないまでもけっこうある。これを類語と見なせば、あとはデータ処理だけでなんとかなるというわけである。

説明だけだとなんだか簡単にできそうな気がするかもしれないが、一つ大きな落し穴があった。見出し語によっては、語釈の中で類語と思われる語を使っていないものが、想像以上にあったからである。それらの語では、まずその語の類語を探さなければならない。しかも、それは一語一語自分の判断で、類語が何であるかを決めていくほかなかったのである。この修正作業だけで実に一年半以上もかかってしまった。だが、こうした苦労はあったものの、完全とは言えないながら、類語のグループはようやくまとまった。

次に行ったのは、作成した中分類の中に、類語グループを振り分ける作業で、これはまさに手作業だった。平たい箱をいくつか用意してこれを中分類の数である二百に仕切り、集められた類語グループを書いたカードを、適当と思われる意味分類の中に投げ入れていったのである。

この作業は私がやることになったのだが、すぐに大きな壁にぶちあたってしまった。ことばの意味は一つとは限らないので、いろいろな意味を持ったどうしの類語グループだと、中分類のどれに収めたらいいのか判断に迷うものがけっこうあったからである。

私がどうしていいかわからずに呻吟《しんぎん》していると、見かねた倉島さんが、「自分がやる」と言ってくれた。だが、いくつかやってみて、私が悩んでいた理由がわかったのであろう。結局、やっぱりお前がやれと投げ出されてしまった。

やむを得ず、私が続きの作業を行ったのだが、それが完成するまでの数か月は、私の頭の中は語の分類のことしかなく、新聞や本を読んでいても、文中で使われていることばを類語に分類しなければならないという強迫観念にとらわれて困った。このようにして、やっとの思いで約二万二千語を意味の違いを説明するための、約五千五百のグループに分けることができたのである。

だが、この類語のグループに解説を施すのも、大変な仕事だった。最終的には、『類語例解辞典』の巻末にお名前が出ている、七十名近いかたに執筆をお願いすることになった。私はすべてのかたに直接お会いして、「執筆要領」と見本原稿とを見せながら、執筆の依頼をしている。編集委員の先生がたには、直接原稿を書いていただいただけでなく、執筆者の動員もお願いしていて、その執筆者の住所は首都圏だけでなく、東海や関西にも及んでいた。それまで出張校正はあっても本当の出張は経験したことがなかったので、それはそれでけっこう息抜きになりはしたが。

ところが、原稿がかなり集まったところで、念のために国立国語研究所の『日本語教育のための基本語彙調査』（秀英出版　一九八四年）に掲載されている語彙と照合したところ、同書にある約六千語のうち半分に当たる三千語もの項目が、『類語例解辞典』にはないことがわかった。この『基本語彙調査』は「日本語教育のための」とタイトルにあることからもおわかりのように、外国人のための日本語教育の基本語彙として作られたものである。つまり、基本的な語彙が抜け落ちていたことになる。データ処理の前段階で行った類語探しと、そのあとの自分の修正作業が不備だったと言われればそれまでなのだが、機械は万能ではないことを思い知らされた。この三千語は大慌てで追加執筆することになった。

こうして、収録語数約二万五千語、類語のグループ数約六千の類語辞典となったのである。

この辞典の刊行は一九九三年の秋で、企画の段階から数えると八年近くかかってしまった。それだけの年数をかけたのは完璧さを求めて、と言えれば格好がいいのだが、それには社内的な事情も影響していた。

「序章」にも書いたように、刊行前の一九九三年夏に、所属していた尚学図書が小学館に吸収されたからである。吸収されたのは、二つの辞書編集部は必要ないという経営者の判断だったと書いたが、もう一つ、辞書は儲けが薄く、できるだけ合理化したいとの判断もあったのだと思う。そのときには、編集が進行しているすべての辞書の出版を見直すことも行われた。『類語例解辞典』も、そして『日国』も例外ではなかった。

編集部が吸収される前年から、当時の小学館の経営陣に、進行中の各企画の内容を説明するよう求められ、私も類語辞典の説明を行った。その間、編集作業はかなり滞ってしまったのである。だが、幸い類語辞典の刊行はなんとか認められ、続行することができた。

しかし、進行中の企画の中には、残念なことに中止の決定がなされたものもあった。ただ、このときに中止とされた辞書の中には、その後復活させ、さらに十年後に刊行したものもある。『現代国語例解辞典』や『類語例解辞典』に掲載した類語の対比表の原点である『日本語新辞典』（松井栄一編　二〇〇五年）である。辞書編集者は気が長いのだ。

『美しい日本語の辞典』――読書感想文コンクールの授賞式に「著者」として出席

『現代国語例解辞典』からは、思いがけない副産物を生み出すことができた。『美しい日本語の辞典』（二〇〇六年）である。この辞書は私が『現代国語例解辞典』第四版（二〇〇六年）のゲラを読んでいたときに、心に残ったことばや、面白いと思ったことばをなんとなく集めていたものなどを収録している。語数は約二千語で決して多くはない。だが、解説を通常の辞書よりも詳しくして、読むための辞書を目指した。

収めた項目の中には、「べらぼうめ」や「とちめんぼう」など、俗語的な語も入っている。そのため、「美しい日本語」とは言えないのではないかという批判も受けた。しかし、私としては、俗語や罵倒語であっても、美しいとは言えないかもしれないが、後世に残したい味わい深い日本語だと考えたのである。

この辞書は他に、「雨の名前」「風の名前」「雲の名前」「雪の名前」「空の名前」など自然と深いかかわりのある日本語を、和歌・俳句などの実例とともに収録している。また、カラー口絵として、代表的な「日本の色」百十七色を示した色名表も添えた。

色名表は『現代国語例解辞典』初版のときから倉島さんが熱心で、編集部としてずっと大事にしてきたコンテンツの一つである。色は文字で説明するのはとても難しく、実際の色を見せた方が理解しやすい。『現代国語例解辞典』では日常生活でよく目にする色名を中心に一覧にしたのだが、『美しい日本語の辞典』では日本の伝統的な色名を示した。「青鈍《あおにび》」「浅葱色《あさぎいろ》」「今様色《いまよういろ》」「潤朱《うるみしゅ》」「朽葉色《くちばいろ》」等々、実際の色の美しさもさることながら、色名自体も美しいと思うのは私だけであろうか。

この辞書にはちょっといいエピソードがある。

子どもの頃、夏休みの宿題の一つに読書感想文があったことをご記憶であろうか。私自身はというと、決していい思い出としてではなく、記憶に残っている。小さい頃から本を読むことは好きだったのだが、感想文は大の苦手だったからである。

夏休みの読書感想文では、優秀な作品は各学校から青少年読書感想文全国コンクール（主催は全国学校図書館協議会と毎日新聞社）に応募される。

その第五十三回（二〇〇七年）の全国コンクールの自由読書の部で、この『美しい日本語の辞典』の感想文を書いた栃木県の小学六年生の少年が、毎日新聞社賞を受賞したのである。私はこのとき初めて、感想文のコンクールには課題図書の部門の他に、自由読書という部門もあることを知った。

読書感想文に辞書を選んでくれただけでもうれしかったのだが、翌年二月に東京丸の内にある東京會舘《かいかん》で行われた授賞式には、なんと私が著者として招待されたのである。しかも、他の課題図書の著者と並んで、著者席に座ることになった。

私には姉がいて、彼女は文を書くことが得意だったため、読書感想文でも再三賞をとっていた。私もその弟だからと教師から期待されていたらしいのだが、それを見事に裏切り続けた。いい思い出がないというのはそういうことなのである。そんな私が、まさかそのコンクールで著者の先生ですと紹介される立場になろうとは、思ってもみないことだった。

会場では受賞したSくんに会うことができ、おじいさんの書棚で見つけたこの辞書が面白そうだったので、感想文を書いたという話を直接聞くことができた。ご家族全員でいらしていて、皆さん実に晴れがましそうだった。そのとき少年だったSくんも、今はもう成人して、立派な社会人になっているはずである。

授賞式では著者として紹介されたものの、もちろん私はこの辞書の著者ではない。企画を立てたのは私だが、あくまでも編集の担当者であり、実際の原稿を書いた人は他にいる。多くの辞書は独りの力でまとめることなど不可能なのである。

この辞書は、刊行から十年以上たっても毎年重版し続けている。私が、ことばの面白さや素晴らしさを大勢のかたにお伝えしたいと思うきっかけともなった、記念すべき辞書だった。

『ウソ読みで引ける難読語辞典』——「云々」の衝撃のウソ読み、「でんでん」

漢字が読めないとき、同じ部分を持つ漢字を思い浮かべ、その類推で読もうとすることはよくあると思う。たとえば、「隘路」が読めないときに、「隘」に「益（益＝えき）」の部分があるので、「えきろ」と読んでみるといったような。「隘路」とは、狭い道ということから、物事を進めるうえで妨げとなるものという意味である。ただ、そのようにしていつも正しい読みが得られるかというと、そんなに甘くはない。「隘路」も「えきろ」ではなく、「あいろ」なのである。

このようになんとか難読語を読もうとしている人はけっこう多く、そうであるなら、少しでもそのような人の手助けとなるような辞書が作れないかという発想から企画したのが、『ウソ読みで引ける難読語辞典』（二〇〇六年）である。監修の篠崎《しのざき》晃一《こういち》先生（東京女子大学教授）のアイディアによる、間違った読み方を想定した「ウソ読み索引」から正しい読み方へと導くという、アイディア勝負の辞書だった。

「ウソ読み」の収集は、東京と関西の五つの大学の日本語の研究者にお願いして、教え子の学生さんに協力してもらった。特に東京女子大学の篠崎ゼミの学生さんには、可能性のあるさまざまな読みを考えてもらった。おかげで、「なるほど」と思えるウソ読みがふんだんに集まった。

幸いなことにこの辞書はテレビや新聞、雑誌などにも取り上げられ、逆転の発想の辞典などと言われてけっこう評判になった。ただその反面、『日国』編集部がこのような日本語の乱れを助長するような本を出すのかという、厳しい批判も受けた。監修の篠崎先生と私の意図は、難読語をちゃんと読める人はいいのだが、それらが読めなくて困っている人、読めないままスルーしてしまう人のお役に少しでも立てたらいいということだったのである。

ウソ読み、つまり間違った読みによる索引はかなり充実していると自負していたのだが、のちにその自信がもろくも崩れ去る出来事があった。

二〇一七年の一月に、当時の安倍晋三首相が国会で「云々」を「でんでん」と読んで話題になったことである。もちろん「云々」は、「うんぬん」と読む。難読語なので、『ウソ読みで引ける難読語辞典』にも載せている。

ところが、そこで想定したウソ読みは「いいいい」だけで、「でんでん」は思いつかなかった。だとすると、大学生の発想を超えた、高度なウソ読みということになるのであろうか。

「云々」を「でんでん」と読んだのは、おそらく「伝」の字を思い浮かべて、その類推から「でんでん」と読んだのであろう。だが、もし「伝」という字ではなく、旧字の「傳」が今なお使われていたとしたら、「云」を見て「傳」の字を思い浮かべることはなかったと思われる。このとき「雲」を思い浮かべていたら、まさに字音は「ウン」なので、「うんうん」と言っていたかもしれない。実際、「云」という漢字は「雲」の古字（昔使われていた文字）でもある。

「うんうん」が「うんぬん」になるのは、連声《れんじょう》と呼ばれる現象である。これは二つの語が連接するときに生じる音変化のことである。たとえば、「三位（さんい）」を「さんみ」、「因縁（いんえん）」を「いんねん」と言うのもそうなのだが、「うんうん」の場合は、un・un が un・nun となったというわけである。

人の誤読をいちいちあげつらうのは、決して趣味のいいことでないくらいはわかっているつもりだ。だから、決して揚げ足を取ろうと意図しているわけではない。ただ、誤読は誰しもがしてしまうことなので、なぜ読み間違えをしてしまうのかと、職業ゆえか私はその理由を知りたくなってしまうのである。

なお、蛇足ではあるが、国会会議録を見ると安倍総理のこの発言の部分は、

「自らに思い当たる節がなければ、これはただ聞いていただければいいんだろうと、このように思うわけでありまして、訂正云々という御指摘は全く当たりません」（平成二十九年一月二十四日　参議院本会議－二号）

となっていて、漢字表記になっている。つまり「でんでん」と言った証拠は消されてしまったのである。誰かが「忖度《そんたく》」したわけでもなかろうが。

『使ってみたいイキでイナセな江戸ことば』――噺家に同行し、山形県鶴岡で感動の落語会

落語が好きで、時折寄席に通っている。落語に興味を持つようになったのは、子どもの頃、母親が聞いていたラジオの落語番組をそばで聞いていたからであろう。三代目三遊亭金馬《さんゆうていきんば》、古今亭今輔《ここんていいますけ》、彦六《ひころく》になった林家正蔵《はやしやしょうぞう》などをよく聞いた記憶がある。昭和三十年代のことだ。

ただ、寄席に通い出したのはけっこう後のことで、『日国』の仕事をするように

なってからである。『日国』で引用する用例を、『口演速記　明治大正落語集成』（一九八〇〜八一年　講談社　全七巻）から数多く採取したことがきっかけだった。この本は、明治期の落語・講談速記雑誌「百花園《ひゃっかえん》」などをもとに、明治・大正期の東京落語を集大成したものである。当然のことだが落語を読むわけだが、ただ読むだけでは面白くない、生の落語が聞いてみたいと思ったのだ。

お気に入りの落語家も何人かでき、その落語家がトリをとるときは寄席に行ったり、落語会や独演会などに通ったりするようになった。

そんなとき、『ウソ読みで引ける難読語辞典』の監修者の篠崎晃一先生から、「若手の落語家に知り合いがいるんだけど、神永さん落語が好きだから紹介するよ」と言われて会ったのが、当時の柳家小太郎《やなぎやこたろう》さん、今の柳亭左龍《りゅうていさりゅう》さんである。小太郎さんのことは、師匠の柳家さん喬《きょう》さんが大がつくほど好きな落語家だったので、よく知っていた。そのときは二つ目だったが、さん喬一門の中でも将来楽しみな落語家だと思っていたからである。

その小太郎さんは二〇〇六年三月に真打に昇進して、六代目柳亭左龍を襲名する。その真打昇進披露パーティーにも出席して、壇上でお祝いの鏡割りをやらせてもらった。

その左龍さんに落語で使われることばに解説を付けてもらい、さらに左龍さんが口述した落語の一部を用例として添えた本を編集したことがある。『使ってみたいイキでイナセな江戸ことば』というタイトルで、二〇〇八年に刊行した。

その本で取り上げたことばは、たとえば「あたぼう」「肴《さかな》荒らさねえ」「手銭《てせん》」「ぞろっぺえ」「ざっかけない」「とーんとくる」など、いずれも落語の中で使われていることばばかりである。意味は、以下の通りだ。


「あたぼう」：「あたりまえだ、べらぼうめ」の略。あたりまえ、の意。

「肴荒らさねえ」：酒の肴を食べずに酒を飲む。

「手銭」：自分の金。身銭。

「ぞろっぺえ」：いい加減でだらしがない。

「ざっかけない」：粗野である。ざっくばらんである。

「とーんとくる」：惚れる。


本が出版されたときには、柳家さん喬師匠や、惣領弟子の柳家喬太郎《きょうたろう》さんをはじめとする一門のかたがたや関係者にもおいでいただいて、出版のお祝いをした。何よりもさん喬師匠にお目にかかれたのはうれしかった。

この本の中には、それぞれのことばが使われている落語のあらすじも載せている。

その原稿は、初め私が書いていた。だが、どうしても時間的に厳しくなり、残りは左龍さんの紹介で、別の噺家さんに書いてもらうことにした。当時二つ目の鈴々舎《れいれいしゃ》わか馬《ば》さん、今の五代目柳家小《こ》せんさんである。わか馬さんは、所属する落語協会が編纂した落語本の落語のあらすじを書いた経験があり、私とは違い実に手際よく原稿をまとめてくれた。その小せんさんだが、やはり真打の昇進パーティーに呼んでくれたこともあって、いまだにお付き合いが続いている。

左龍さんが小太郎だったときに一緒に山形の鶴岡に行き、市内の各地で落語会を開いたこともあった。左龍さんはその後真打に昇進してからも、毎年定期的に鶴岡で落語会を行っていて、私も何度かお付き合いしている。鶴岡での落語会はお蕎麦屋さん、お寿司屋さん、映画館といろいろな場所で開催した。とりわけ印象的だったのは、鶴岡市内の銭湯と、丙申堂《へいしんどう》という国指定の重要文化財の建物で行ったときである。

鶴岡にはその当時、銭湯は鶴乃湯《つるのゆ》一軒しかなかったのだが、営業時間前にそこの脱衣所、しかも女湯の方を使って落語会を開いた。鶴乃湯は戦前の創業で、タイル張りの立派な浴槽のある、歴史を感じさせる銭湯だった。

ただここは、映画ファンにとっては別のことでよく知られた場所だと思う。本木雅弘さんと広末涼子さんが共演した、滝田洋二郎監督の映画「おくりびと」の舞台なのだ。主人公の幼馴染の母親が一人で切り盛りしている「鶴の湯」がここである。ただし、映画の公開は二〇〇八年で、左龍さんの落語会はその二年前の二〇〇六年だった。落語会はこの年の冬と夏の二回開催している。

その落語会では、脱衣所に座布団を敷き詰めて、そこを客席にし、高座は浴室を背にする位置にしつらえた。一回目の冬のときは、客は四十人程度ということだったが、希望者が六十人に増えてしまったとかで、座布団も端の方は重ねないと敷くことができず、隣の人と肩と肩を接しながら聞いてもらうことになった。だが、ほとんど知りあいばかりだからそれでも構わないという。東京では考えられないことであった。

映画の中の「鶴の湯」の女将は吉行和子さんが演じていたが、「鶴乃湯」にもとても明るい素敵な女将がいらっしゃった。かつては銭湯小町などと呼ばれていたのではないかと、勝手に想像した。この女将とは違って、ご主人はとにかく無口なかたで、挨拶に出てきたものの体が横に向いていて、こちらから話しかけないと何も言わない。典型的な庄内人だった。

その女将が、番台に座ってもいいかしらと遠慮がちに言うので、どうぞ特権ですから、と返事をすると、とてもうれしそうに番台に上がった。落語の間、笑い転げて番台から落ちるのではないかと心配されるほどだった。その憧れの番台には、私もあとで座らせてもらった。

落語会は午後に開催したのだが、その日も銭湯は休みではなく、夕方から営業を開始するということだった。そのため、落語の途中でザーザーとお湯を汲む音がし出したのには困った。さすがに左龍さんは動じていなかったが。

落語のあと、女将は色紙を取り出して左龍さんにサインをしてもらい（もちろん小太郎の名前で）、それをうれしそうに番台に掲げていた。

二回目は八月のお盆前の、いちばん暑い盛りだった。前回同様、女湯の脱衣所に高座をしつらえた。扇風機しかなかったので、前回のような人数を詰め込んだら熱中症にかかる人が出そうだと心配したら、さすがに人数を絞ってあった。

鶴乃湯は二〇〇九年に惜しまれつつ廃業してしまった。その後、鶴岡市羽黒町《はぐろまち》にある庄内映画村（現スタジオセディック庄内オープンセット）にほとんどそのままの形で移築された。そこには、番台にあった小太郎さんの色紙も残されている。

もう一か所落語会を開いた丙申堂は、庄内藩の御用商人として発展し、鶴岡一の豪商となった風間《かざま》家の当主が、明治二十九年（一八九六年）の丙申の年に営業の拠点兼住居として建てた建物である。

ここの小座敷も映画で使われている。二〇〇五年に公開された藤沢周平原作の映画「蟬しぐれ」の、主人公文四郎とおふくの再会のシーンである。市川染五郎（現十代目松本幸四郎）さんと木村佳乃さんの静かな演技が印象深い。

その丙申堂で落語会を開きたいと、鶴岡の阿部久《あべきゅう》書店の店主から連絡があったとき、私はすっかり舞い上がってしまった。まさか国指定の重要文化財の建物で、落語が聞けるとは思わなかったからである。ましてや、大好きな作家藤沢周平原作の映画の中で使われた場所なのだから、なおさらであった。

このとき左龍さんは真打に昇進しており、十八番の「妾馬《めかうま》」をたっぷりと聞かせてくれた。

「妾馬」はこのような噺である。

裏長屋に住むお鶴が、大名の赤井《あかい》御門守《ごもんのかみ》に見そめられて妾となり、やがて殿様のお世継ぎを産んでお鶴の方と呼ばれるようになる。このお鶴の方が兄の八五郎に会いたいと言い出し、八五郎は屋敷に招かれる。しかし、江戸っ子の八五郎は堅苦しい礼儀作法など知るわけがない。さんざんことば遣いや作法で失敗を繰り返すが、それがかえって面白いと殿様に気に入られ、家臣に取り立てられる。(『使ってみたいイキでイナセな江戸ことば』より)

八五郎が出世する噺であることから、別名「八五郎出世」とも言う。このあらすじは左龍さんの本から引用したもので、私が書いている。

この噺の中に、酔った八五郎が妹の鶴の方に、

「おめえがこんなに立派になったって聞けば、婆さん、喜んで泣きゃあがるだろう。初孫の赤ん坊も抱きたいだろうが、それはなるめぇ」

と語りかける場面がある。大名の妾となってしまっては、たとえ自分の孫であっても、母親は抱くことができないだろうという、口は悪いが八五郎の母親を思う気持ちがとてもよく表れている場面である。その場面のときお客さんのかすかに動く気配に気づいてそっとまわりを見回すと、幾人かの女性がハンカチで目頭を押さえていた。丙中堂はさらに忘れられない場所になった。

辞書の「付録」作りを楽しむ

子どもの頃から辞書は好きだった。とりわけ辞書の付録を読むのが好きだった。もっとも、中学生のとき愛読していた辞書は、国語辞典ではなく日本史辞典だったのだが。それは角川の小型の日本史辞典で、現在も新版が出ている。ただ、私が持っていたのは初版（一九六六年）で、編者も高柳光寿《たかやなぎみつとし》、竹内理三《たけうちりぞう》で、新版とは異なる。

この辞書のどこが好きだったのかというと、巻末に収められた江戸時代の各藩の変遷をたどった一覧表である。藩ごとに転封《てんぽう》、加増、廃絶が一目でわかる表で、暇があればそのページを眺めていた。他にも主な氏族の系図なども大好きで、辞書は付録が面白いと思うようになったのは、この日本史辞典のおかげである。

辞書を編集する立場になっても、その思いは変わらなかった。初めて手がけた付録は「手紙に用いる語」（『国語大辞典』）というありきたりのものだったが、けっこう面白いと思った。

さらに『現代国語例解辞典』では、監修者の林巨樹《はやしおおき》先生の発案で、助詞（活用がなく、単独で用いられることのない「私は」の「は」、「私が」の「が」など）と助動詞（活用がある、単独では用いられない「学校へ行った」の「た」、「ご飯を食べさせる」の「させる」など）の解説を本文から付録に移して、助詞助動詞一覧としてまとめて解説するようにした。こうすれば従来難解だと思われていた助詞・助動詞やその連接形の付属語（「君がそう言うからには正しいのだろう」の「からには」など）の解説内容を、本文とは違う形式に変えられるのではないかと考えたからである。そしてやはり林先生のアイディアで、従来の記述パターンである、意味・用法の解説が先にあって、そのあとに例文を添えるという形式をやめ、先に典型的な例文を示してから意味・用法の解説を施す方法をとった。こうすることによって、自分が意味を知りたい助詞・助動詞がどれなのか、すぐにわかるようになったと思う。

正直に告白すると、私は辞書の編集者でありながら、文法的なことは大の苦手だった。だが、この助詞助動詞一覧をまとめたおかげで、少しだけ文法に自信がついた気がした。

『日本語便利辞典』――ロングセラーとなった付録だけを集めた辞書

その後担当した辞書でも、本文に負けないくらい付録にも力を入れてきた。そしてついにはその思いが昂《こう》じて、付録に載せるような内容だけを集めて、一冊の辞書を作ったら面白いのではないかとまで考えるようになった。それを形にしてしまったのが、『日本語便利辞典』（二〇〇四年）という辞書である。

こうなってくると、趣味で辞書の編集をしているようなものかもしれない。ただ、幸いなことにこの辞書は長い期間売れ続けた。付録好きの辞書ファンは大勢いるのかもしれない。

この辞書に収録した内容は、まさに付録にするようなものばかりである。

【ことわざ・故事成語】【慣用句】【四字熟語】【反対語一覧】

【手紙の書き方】【人生の慶事】【葬送儀礼のことば】【名数】【無駄口】【語源】【現古辞典】

【季語一覧】【百人一首】【都道府県別方言集】【旧国名地図】【図版―伝統的なものの名前を絵で知る】

【同訓異字使い分け早見表】【同音類語集】【漢字・難読語一覧】

もちろん、ことわざや慣用句、四字熟語などはすべての項目を網羅しているわけではなく、比較的使用頻度の高いものを載せるようにした。

無駄口というのは、「けっこう毛だらけ灰だらけ」といった類の言い回しである。前々からこの手のことばを集めて、一冊の辞書を作ってみたいと思っていた。だが、それだけで一冊になるような語数を集めることができなかったため、あきらめてここに収録したのである。「けっこう毛だらけ」は映画「男はつらいよ」の寅さんがよく言うことばなのでご存じのかたも多いであろう。「けっこう」ということをふざけて言った言い方で、「けっこう毛だらけ」のあとに「灰だらけ」「猫灰だらけ」などと続けることもある。

現古辞典は、編集は私ではないが『小学館　全文全訳古語辞典』（北原保雄編　二〇〇四年）の付録に、現代語から古語が引けるようにしたものが掲載されているのを見つけて、これは面白いと思い、語数を増やして収録した。

都道府県別方言集には、簡単な都道府県別方言概説とともに、県別に使用頻度の高い方言ベスト10を選んで載せた。

この都道府県別方言概説はさらに詳しい内容のものを『標準語引き日本方言辞典』（佐藤亮一監修　二〇〇四年）の付録にもしている。しかも同書の付録には、ちょっとした遊び心も加えてみた。山形県三川町《みかわまち》が所蔵している徳川宗賢《とくがわむねまさ》先生の方言土産のコレクションを紹介したのである。方言土産とは、観光地の土産物店で売られている、方言が書かれた手ぬぐいや、のれん、湯飲みなどのことを言う。

徳川先生はそのコレクターだったのである。一九九九年に先生が急逝されたあとは、これらの方言土産は三川町に寄贈され、「徳川コレクション」などと呼ばれていた。三川町は、一九八七年から毎年「全国方言大会」(二〇〇三年に終了)を開催して、「方言の里」を宣言していたのである。

このコレクションの中から県ごとにのれんを選んで、その写真を方言概説に添えることにした。ところが、残念なことに徳川コレクションにはすべての都道府県ののれんがあるわけではなかった。仕方なく手ぬぐいも含めようと思ったのだが、手ぬぐいは保存状態が悪かったのか、生地の特性なのか、茶色に変色しているものがかなりあった。そこで私が新たに探した方言土産も数点、こっそりと紛れ込ませてしまったのである。

三川町には掲載を許可してくれたお礼として、編集部で撮影したすべてののれんの写真を送った。それらの一部は、現在も三川町のホームページでも見ることができる。ただ、写真を送る際に、私が入手した物も混ざっていて、何県と何県のものがそれであると三川町役場の企画課には伝えた。にもかかわらず、おおらかな土地柄なのであろう、そうしたものまで徳川先生のコレクションとしてホームページに掲載されてしまったのである。

もっとも、徳川先生にそれを申し上げても、扇子を打ち振りながら、「苦しゅうない、良きにはからえ！」とおっしゃるだろうとは思う。何しろ先生は徳川御三卿《ごさんきょう》の一つ、田安《たやす》家のご出身なのだから。

閑話休題。この『日本語便利辞典』が売れているのを見て、英語の辞書の付録を集めても面白い辞書ができると思った編集者が、社内の外国語辞典の編集部にいた。二〇〇六年に刊行された『英語便利辞典』がそれである。書名だけでなく装幀もよく似ている。この辞書も長期で売れているようで、外国語辞典のファンにも付録好きがいるということなのであろう。

『国語国文学手帖』——国語便覧の執筆にチャレンジ

付録を集めたような『日本語便利辞典』だが、実はモデルにした書籍がある。ただしそれは辞書ではない。いわゆる国語便覧という、国語の授業で使われる資料集である。「便覧」は「べんらん」とも「びんらん」とも読まれるのだが、物事の内容を知るために便利で調べやすいように作った書物という意味である。

子ども時代の愛読書の中に、母親が高等女学校時代に使っていた古い国語便覧があった。母親は大正の末年の生まれなので、女学生時代というと太平洋戦争前のことである。母親がなぜそのような本を大事に手元に置いていたのか、残念ながら聞く機会を逸してしまった。裁縫をしている母親の脇で、私は公家や武家の衣装などがカラーで印刷されたその本を飽かずに眺めていたのである。

国語便覧は今でも数社から出版されていて、国語の副読本として使われている。市販もされていて、けっこう一般のファンも多いようだ。古典文学から近代文学、さらには漢文や日本語を学ぶ際に参考となる資料や図版、表組などをビジュアルを駆使して構成してあるので、読み飽きることがない。

その国語便覧が面白かったという思い出があったものだから、『日本語便利辞典』でも家屋や神社建築、仏像の名称などの図版も載せることにした。

ところで、私自身も国語便覧の編集に少しだけかかわったことがある。一九九〇年に刊行した『国語国文学手帖』という本がそれである。ただ残念ながらこの本は絶版になってしまった。

この『国語国文学手帖』では、編集の実務を担当したわけではなく、実際に原稿を書いた。どこの部分かというと、一つは近代文学史の大衆文学のところである。純文学の原稿は専門家が執筆したのだが、大衆文学も文学史の中で取り上げるべきではないかと担当者に提案したら、時間がないのでお前が書け、ということになったのである。このジャンルの作品は比較的読んでいたので、楽しみながら書くことができた。

もう一か所は発音アクセントの解説である。これは下原稿を私が書いて、言語学の上野《うわの》善道《ぜんどう》先生（現東京大学名誉教授）に見ていただいた。もちろん、先生の赤字はたくさん入ったが、誰が書いたんだい、よくまとめてあるねというお褒めのことばをいただいた。ちょっと自慢なのだが、こうしたことによって書くことのとてもいい経験になったと思うし、少し自信もついた。

付録は、辞書編集者の力量が試される

国語辞典の付録にできそうなアイディアは、まだまだたくさんありそうな気がする。たとえば、句読点や括弧などの記号、符号集などは役に立ちそうだ。日本人は文章を書く際に、記号・符号を、平仮名、片仮名、漢字、アルファベットに続く五番目の文字のように上手に活用しているからである。小学館の辞書編集部は、私が担当したわけではないのだが、『句読点、記号・符号活用辞典。』（二〇〇七年）という辞書を出している。句読点だけでなくさまざまな記号の使い方の実例を示したもので、いまだによく売れている。

「ときたら」「とばかりに」「わけにはいかない」「よりほかはない」というような、国語辞典では見出しにされない助詞や助動詞を含めた複合語形を集めて解説したものもいいかもしれない。外国人の日本語学習者にとどまらず、日本人でも使い方に悩むことが多いと思われるので。

また、発音や読み方に揺れのあることばを集めて解説したものも考えられる。たとえば、「味気ない」をアジキナイ、アジケナイどちらで読むかとか、イリカワリタチカワリとイレカワリタチカワリのどちらを使うかとかいった内容のものである。口に出して言うときに迷うものを集めて、簡単に解説をするというのはどうであろうか。

他にもあるが、調子に乗って書いてアイディアを盗まれるのも悔しいので、この辺でやめておく。

でも、皆さんの中にこんな付録が欲しいという面白いアイディアがあったら、愛用の辞書の編集部に提案すると、とても喜ばれると思う。

駆け出しの辞書編集者だったとき、『日国』初代編集長から、付録作りは一人前の辞書編集者になるためにいい勉強になるのだから、オリジナリティーに富んだ内容のものを考えろと盛んに言われた。特に意図したわけではないのだが、そのようにしてきたようである。

『日本国語大辞典』第二版——用例の採取と、徹底した原文再確認

辞書編集者として私がいちばん長い期間かかわってきたのは、『日本国語大辞典（日国）』である。

『日国』は、一九七二～七六年（昭和四十七～五十一年）に初版が刊行され、第二版

は二〇〇〇〜〇二年（平成十二〜十四年）に刊行された、日本最大の国語辞典である。日本最大ということは世界最大の日本語辞典ということになる。ただ、私がかかわったのは第二版だけだ。

『日国』初版は一九六一年（昭和三十六年）頃から企画の検討が開始された。ただ初期の段階では、新しい辞書を編纂するのではなく、松井《まつい》簡治《かんじ》・上田《うえだ》万年《かずとし》著『大日本国語辞典』（冨山房　一九一五〜一九年）という辞書を改訂して出版することが検討された。『大日本国語辞典』は上代、中古、中世の文献例を豊富に載せた、用例主義辞書の嚆矢《こうし》とも言える辞書である。また、『日国』初版、第二版の編集委員でもある松井栄一《しげかず》先生は松井簡治（一八六三〜一九四五）のお孫さんにあたる。

『大日本国語辞典』の実際の編集作業は松井簡治が行ったのだが、松井は編集方針だった用例主義を徹底させるために、項目を選ぶための参考文献の収集と、『源氏物語』『枕草子』などの索引作りから始めている。しかもそれだけのために十年以上もかけている。さらにそこから二十万項目を選定して、収録語数二十万項目の辞書を二十年かけて執筆して完成させようと計画するのである。つまり三十年がかりの事業である。

　二十万項目とはどれほどの分量かと言うと、たとえば現在インターネットで検索可能な『大辞泉』は三十万項目以上あると言えば、その規模はだいたいご想像いただけるのではないだろうか。単純に比較はできないが、『大辞泉』の初版は収録語数二十二万語以上で、企画から刊行まで三十年近くかかっている。しかも一人の人間がすべての原稿を書いた辞書ではない。

二十年かけて二十万項目を執筆するという計画は、それ自体とんでもないものだった。一年三百六十五日のうち、六十五日は休むとして二十年で六千日。だとすると二十万項目書くには、一日三十三語書かなければならない。ただ、中には一語書くのに一日では仕上がらないものもある。そうすると翌日はその倍近く、翌々日は三倍近くと、執筆しなければならない語はどんどん増えていく。ところが驚いたことに、松井はそれをほぼ予定通りにやり遂げてしまったのである。

『大日本国語辞典』は高い評価を受けた辞書ではあるから、その改訂版も確かに望まれていたであろう。しかし、小学館として社を挙げた一大事業として行うのなら、その改訂版よりもまったく新しい辞書にするべきだ、という意見も社内に根強くあったようである。

最終的な判断は当時の経営者が下し、日本を代表する国語辞典を新たに編纂することになった。そして、総項目数四十五万、用例数七十五万という、日本最大の国語辞典『日本国語大辞典』が世に出たのである。

『日国』第二版は一九九〇年（平成二年）から本格的な改訂作業が始まった。改訂の

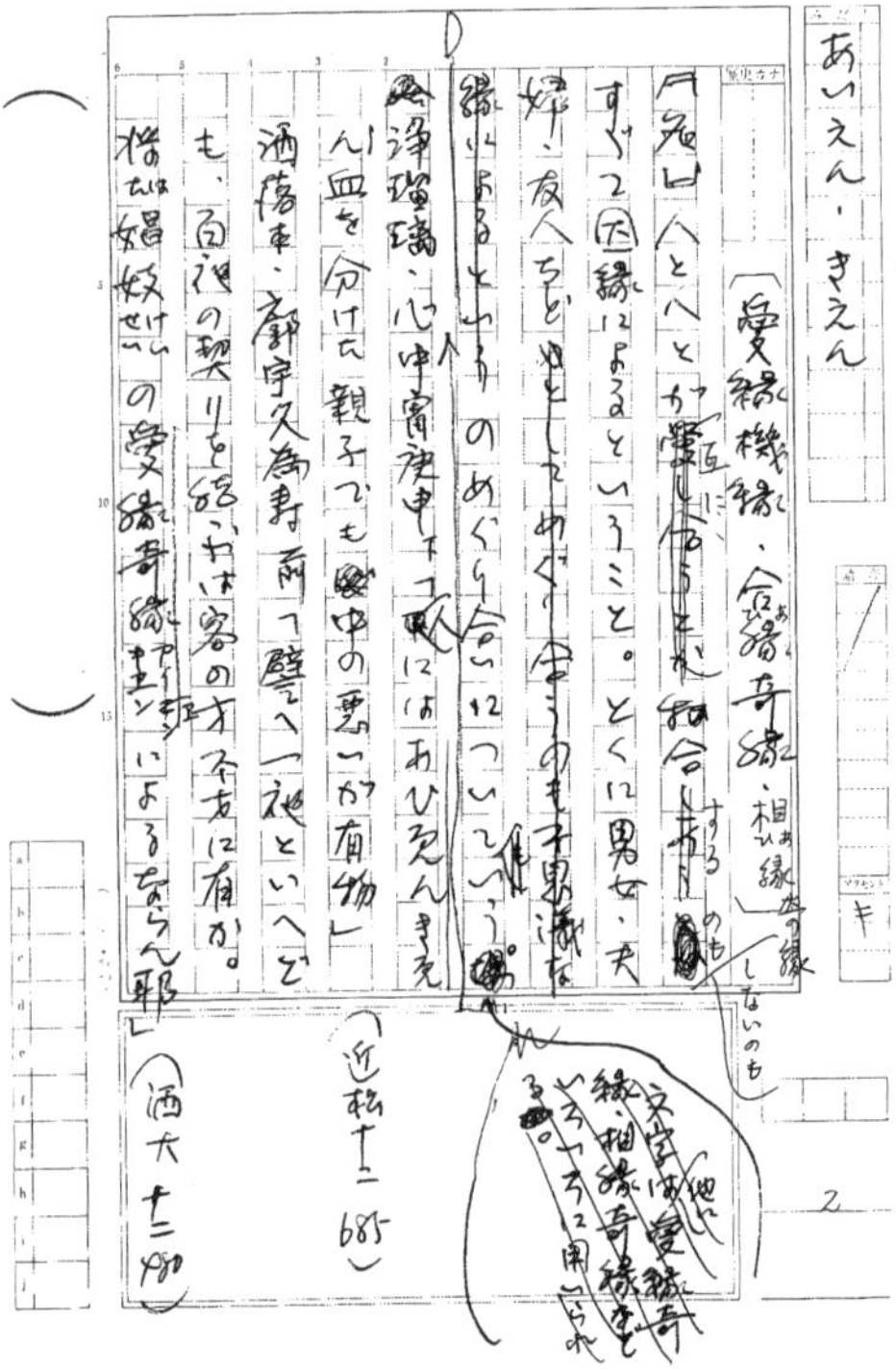

専用の原稿用紙に書かれた『日国』初版の原稿。この原稿段階で語釈の見直しを行い、執筆者とは違う人の手が入っている。また用例を底本に当たる「出典検討」もこの段階で行っている。たとえば下段に「近松十二　685」とあることから、『近松全集』(朝日新聞社)の第十二巻685ページで浄瑠璃『心中宵庚申《しんじゅうよいごう しん》』の例を確認していることがわかる。現在この原稿は画像をデータベース化して、いつでも検索できるようにしてある。

ための基礎作業として最初に行ったのは、新たな用例の採取である。

初版では七十五万例だった用例を百万例を目標に、古代から現代まで幅広く文献に当たり、用例カードを作成することから始めた。やみくもに文献を読んで用例を探しても効率が悪いので、漢語部会、中世部会、近世部会、近現代部会、宗教部会といった語彙と用例採取の専門チームを組織した。これらの部会は、それぞれの分野の専門家をメインに構成し、編集部のメンバーが裏方として加わったものである。部会では用例の採取をするための文献の選定と、実際の採取作業を数年かけて行った。

こうして集められた用例が語釈執筆の基礎資料となり、出典表示を整えて用例として引用されるのである。『日国』が用例主義だと言われるゆえんである。

私が『日国』第二版で主に担当したのは、この用例部分についてであった。各部会では新たに採取された用例をもとに語釈の原稿を改稿していく。その際に、その項目の中で新たに引用される用例が本当に適切かどうか、原典に当たり直すという作業を行ったのである。これを編集部内では「出典検討」、略して「出検」と呼んでいた。これは『日国』初版でも行っている。

なぜ専門家を信じずにそこまでやるのかとお思いかもしれない。それは、特に古典の場合は写本で伝わることが多く、同じ書名のものでも内容の異なるテキストが複数あるからである。『日国』では用例を引用するテキストを底本と呼んで厳密に決めていたため、それで当たり直すとその語がないこともある。たとえば次節で紹介する「六月無礼《ろくがつぶれい》」という語もその一つだ。そういったミスを防ぐためでもあった。また、用例中の見出し語部分の読み（ふりがな）が確かなものは、それを片仮名で示した。その語が確かにそう読まれていたという、証拠になるからである。これも大事な仕事の一つだった。

さらに第二版では初版にはない、各用例に成立年代を表示することも行った。この成立年代を専門家にお聞きしながら決めるのも、私の仕事だった。

実際の「出検」の作業は、「序章」でも書いたように、初版でその仕事を担当した前澤豊子《まえざわとよこ》さんの指導を受けながら、六十名ほどの大学院生たちが行った。用例を引用した文献の数は、初版からのものと合わせると、実に三万点以上あった。用例数は初版の七十五万例から百万例になったので、新規用例は差し引き二十五万例である。だが、実際には初版からの用例でも底本を変更して当たり直しを行ったものが多数あったので、それ以上の数となった。この作業にはほぼ十年かかっている。私にとっては三十代の半ばから四十代の半ばにかけてのことであるが、自分の人生の中でいちばん勉強した時代のような気がする。

「用例主義の辞書」とは——用例の「出典」を正確に表記

「六月無礼」ということばがある。

陰暦の六月は暑さの厳しい時季なので、服装を略式にする無礼も許されるという意味である。今で言うクールビズに近い。

以前、朝日新聞の「天声人語」でこのことばが紹介されていた。そこには、このことばは「古く平家物語にも出てくるそうだ」と書かれていた。確かに『平家物語』に出てくることばで、そう書いても間違いではないのだが、正確ではない。実はこのことばは『平家物語』の中でも長門《ながと》本と呼ばれる本文に出てくることばなのである。『平家物語』は異本が多く、一口に『平家物語』と言っても本文の内容は諸本によってさまざまだ。長門本は活字化はされてはいるが、一般の読者が気軽に入手できるものではない。たとえば小学館『新編日本古典文学全集』所収の『平家物語』は、高野《たかの》本（旧・高野辰之《たつゆき》氏所蔵本）と呼ばれる、比較的に流布したテキストが底本になっている。長門本（山口県下関市赤間《あかま》神宮蔵本）はそれと比べても、内容がかなり異なっている。

「六月無礼」は大型・中型の国語辞典には載っていることばで、典拠を示していない（用例がない）『広辞苑』は別として、すべてこの「長門本平家」の例が「長門本」という書名とともに引用されている。

その用例は『日国』によると、

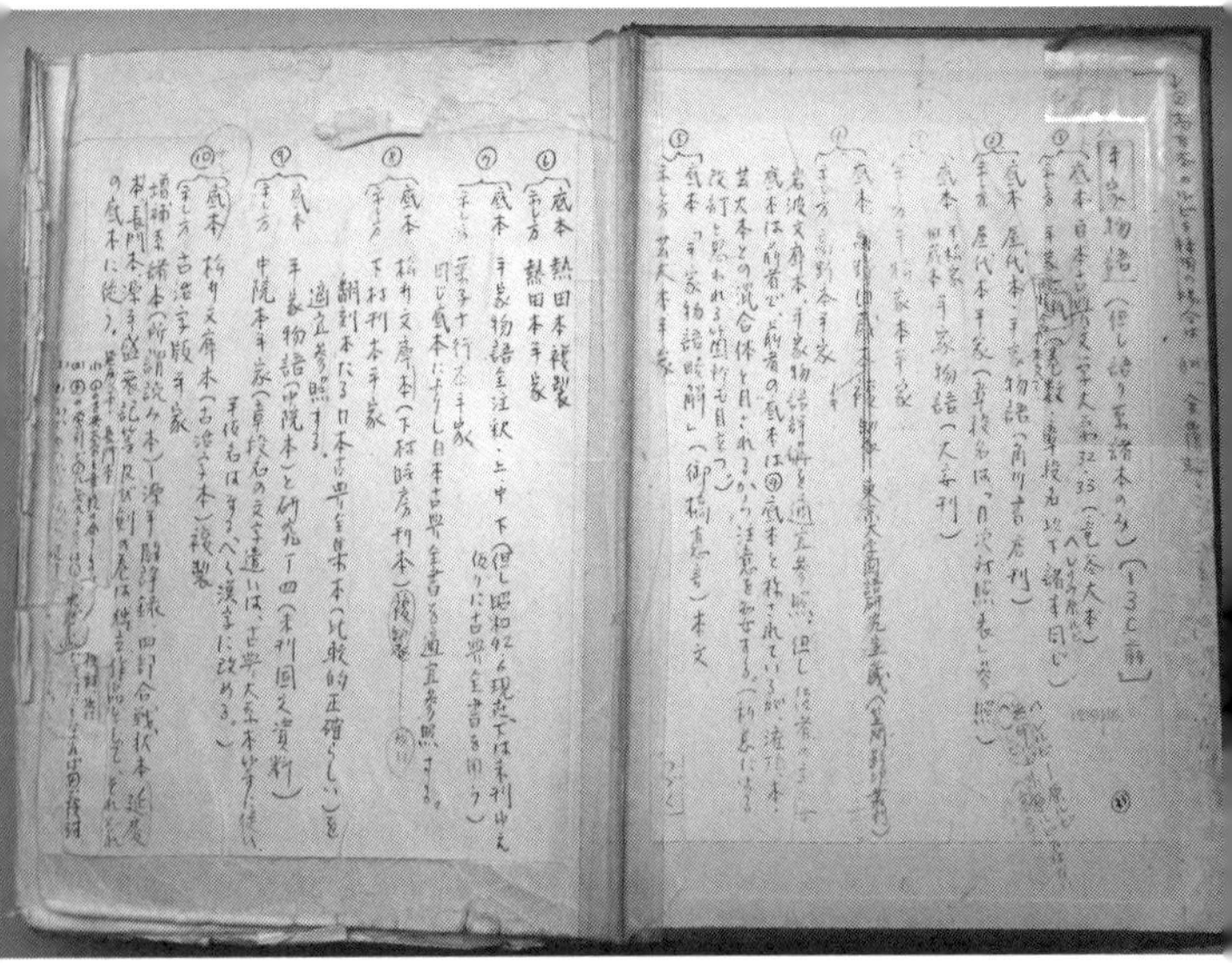

『日国』編集部が所蔵している『平家物語』。見返しに、用例を引用する際の底本の優先順位の指示が記載されている。『平家物語』は岩波書店の『日本古典文学大系』所収のものを第一底本とし、これから引用した例のみ「平家」と表示した。他のテキストから引用した例は、「屋代本平家」のように「平家」の前に「〇〇本」とつけて表示した。

「六月無礼とて紐解かせ給ひ、入道《にゅうどう》も白衣《しらえ》に候ぞ」

とある。これだけだと状況がわかりにくいのだが、平氏討伐のいわゆる鹿ヶ谷《ししがたに》の謀議を、多田行綱《ただゆきつな》が五月二十九日夜更け方に平清盛の邸まで密告に行く場面である。入道というのはもちろん清盛のこと。「白衣」は「びゃくえ」とも読むが、うす地の夏の衣服である。高野本平家にも密告の場面はあるが（巻二・西光被斬《さいこうがきられ》）、「六月無礼」の語は出てこない。

「天声人語」は文字数が限られていて、『平家物語』に諸本があることを説明すると煩雑になるので、「長門本平家」とはしなかったのかもしれない。それはそれでいいのだが、文献の用例を典拠にしている辞書ではそういうアバウトな表示は許されない。『日国』はもとより、『大辞泉』『大辞林』ではこの語の典拠を「長門本平家」と表示しているのはそのためである。『日国』では『平家物語』は岩波書店の『日本古典文学大系』所収のものを底本とし、それ以外によるときは、「屋代本《やしろ》」「平松家本《ひらまつ》」「高野本」「延慶本《えんぎょう》」「中院本《なかのいん》」などと分けて表示している。これが、用例主義の辞書の証拠である。

なお、この「六月無礼」は、長門本平家の用例しか見つかっていなかったため、長い間どれだけ広まっていたのかわからずにいた。ところが、二〇一二年に刊行された『故事俗信ことわざ大辞典』第二版（小学館）で、『俚言集覧《りげんしゅうらん》』（一八一八年頃）や『日《に》本俚諺大全《ほんりげんたいぜん》』（一九〇六～〇八年）といった、江戸後期や明治後期のことわざ辞典にも掲載されていることがわかった。

少なくとも江戸後期まで時代が下っても知られていたことばだったのである。

『日国』第二版制作に際してのコンピューター活用

辞書に採録することばの根拠となるものが用例である。特に『日国』のような実際の文献例をもとにした辞書の場合は、用例が骨格になると言っても過言ではない。このような用例主義の辞書はイギリスの辞書『The Oxford English Dictionary（オックスフォード英語辞典）』（略称ＯＥＤ）に始まる。ＯＥＤは、オックスフォード大学出版局発行の英語辞典で、初版刊行は一八八四～一九二八年。一九八九年に第二版（全二十巻）を発行し、以後もデジタル版として増補を続けている。

『広辞苑』の編者として有名な新村出《しんむらいずる》は、日本でもＯＥＤのような辞書を編纂することを生涯の夢としていたらしい。『広辞苑』は必ずしもそのような内容にはならなかったため、満足できなかったのであろう。新村は『日国』初版の編集顧問にもなっていたので、『日国』が日本のＯＥＤになることを大いに期待していたと思われる。だが、残念なことに『日国』初版の完成を見ることなく、一九六七年に逝去している。

『日国』初版では、語彙と用例の採集は、カードや文献の索引を使ってのまったくの手作業だった。専門家がひたすら文献に当たって必要なものを蓄積していったのである。

だが第二版では、もちろんカードや索引も使ったが、当時ようやく実用化されつつあったコンピューターも大いに活用した。具体的には、以下のようにしたのである。

語彙や用例を採集することになった文献の中で、立項の候補にしたい語に片っ端からマーカーや赤ペンなどで印をつけ、必要に応じてルビ（ふりがな）を振る。さらにその文献内のすべての文字（図版の説明文も含む）を、立項の候補項目であることを示すマークとルビまで含めて手打ちで入力して、データベースを作る。このデータと、テキストデータになっていた『日国』初版の本文項目とをコンピューターでマッチングして、マッチしなかったものは新規立項の候補にする。マッチしたものは追加用例の候補とする。そしてこれらをもとに、初版にその意味が載っていない用例は新たに意味を付け加えて増補したり、最古の例や初版のものよりもわかりやすい用例を追加したりした。また、表記が特殊な例の追加も行っている。たとえば、「イギリス」は漢字で表記するときは普通「英吉利」と当てるのだが、江戸時代にある「諳厄利亜」「意機利私」などの例も採用したのである。

二〇一二年の本屋大賞を受賞した三浦しをんさんの小説『舟を編む』には、若者たちの会話に耳を傾けて、彼らが使うことばを盛んにカード化する老学者が登場する。

もちろん今でもそのようにしてことばや用例を集めることもあるし、そのような地道な作業がなくなることはない。だが、コンピューターを駆使した編集の比重は一段と大きくなっている。辞書編集部の編集室は、ゲラが山のように積まれたところだとお思いだったら誤解である。日々の仕事は、モニターの画面に向かってのものなのである。ＩＴ企業のオフィスとあまり変わらないかもしれない。

なお、『日国』では、辞書に載せる項目や用例を、広く一般読者にも提供してもらいたいと考え、第二版刊行後、「日国友の会」というサイトを開設した。第二版の編集委員だった徳川宗賢先生の発案である。

具体的には、第二版よりも古い用例や、用例のない項目に補える用例、新項目などを投稿していただいている。現在も熱心な読者からの投稿があり、その一部は二〇〇五年から刊行された『精選版日本国語大辞典』（全三巻）に反映された。現在私も編集作業にかかわっていて、数年後の刊行を目指している『日国』第三版でも、これらの投稿された用例は活かされることであろう。

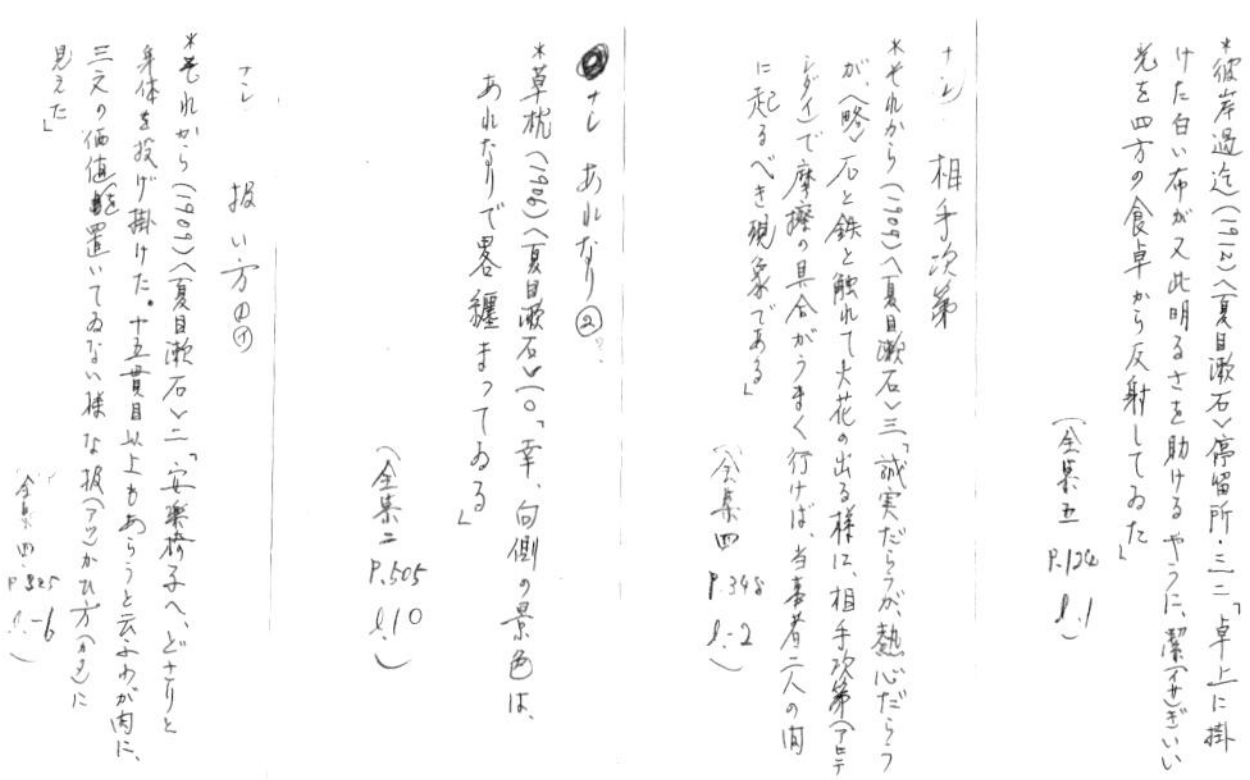

松井栄一先生が採取した『日国』第三版に向けての用例カード。
第二版で用例のない語に新規で入れる用例と、第二版で引用されているものよりも古い用例である。

第四章

「ことばの専門家」に鍛えられた日々

『日国』編集委員の先生がたとの思い出

辞書編集者に限らず、雑誌や書籍などすべての編集者に言えることだろうが、編集の仕事の醍醐味の一つは、さまざまな専門家の話を直接聞けることだと思う。私の場合、それは担当した辞書の編集委員の先生がただったり、実際に項目の執筆をお願いしたかたたちだったりした。

『日国』では、すべての編集委員の先生がたから頻繁にお話をうかがうことはできなかったものの、ほとんど毎日編集部にいらしていた松井栄一《まついしげかず》先生はもとより、社会言語学の徳川宗賢《とくがわむねまさ》先生、近世文学の谷脇理史《たにわきまさちか》先生、日本語学の林大《はやしおおき》先生と北原保雄《きたはらやすお》先生からは、ご専門のお話だけでなく、ご専門以外のお話もいろいろとお聞きすることができた。当代一流の研究者のお話をただで、しかも直接拝聴できるのだから、考えてみれば贅沢な話である。

『日国』初版のときもそうだったが、第二版でも「部会」と称して、時代別、あるいは分野別に立項する項目の選定と執筆を行うチームを、それぞれの編集委員の先生がたのもとに組織した。そこには第一線で活躍している国語学・日本語学や文学などの若手の研究者にも集まっていただき、我々編集部員はいわば事務方となって働いた。

そうした部会で徳川先生には方言と発音についてご指導いただいた。ただ、徳川先生のことは別の章で書きたいと思う。

谷脇理史先生にはご専門である近世部会をご指導いただいた。私はこの近世部会の担当ではなかったが、先生にはずいぶんかわいがっていただいた。私が同じ早稲田大学文学部の出身だったこともあったのかもしれない。編集委員会があった日の夜は、毎回先生と二人で浅草の居酒屋に立ち寄った。先生は群馬県館林《たてばやし》市にお住まいで、東武の特急でお帰りになっていたからである。

浅草駅前のその居酒屋は今はもうなくなってしまったのだが、日本酒はカップ酒がそのまま出てくるという、実にざっかけない店だった。先生はそれをぐいぐいと召し上がるのである。あるとき先生がお乗りになる特急の発車時間まであと十分ほどになり、こちらもハラハラして、「先生そろそろ」とうながしたことがあった。すると

「五分あればもう一杯飲めるよ」

とおっしゃって、カップ酒をそれぞれ一本ずつ追加してしまった。急激に酔いが回ったことは言うまでもない。谷脇先生は『日国』第二版刊行後の二〇〇九年に、早稲田大学在職中に亡くなられた。

林大先生は『日国』初版の編集委員をお願いしていたのだが、第二版も引き続きお引き受けいただいた。先生にはそれ以前に『言泉』という辞書の監修をお願いしていたので、私が先生に直接ご指導いただくようになったのは一九八五年頃からである。

林先生のお父上は、歌人で漢文学者の林古渓《こけい》である。古渓を知らないという人でも、

唱歌「浜辺の歌」の作詞者だと言えばおわかりいただけるであろう。林大先生もこの歌は大好きで、カラオケにお付き合いくださったときには、編集部の人間と一緒に楽しそうに歌われた。

林先生は国立国語研究所の三代目の所長をなさり、さまざまな国語施策にかかわられたかたでもある。また、類語を集めた『分類語彙表』という書籍もまとめられたのだが、これは、私が『使い方の分かる類語例解辞典』を担当したときにとても参考になった。

林先生は『日国』第二版刊行後の二〇〇四年に亡くなられた。そのとき、朝日新聞に「惜別」という記事が出た。その際にご遺族が新聞社に提供した先生の遺影は、先生を囲む編集部の会のときに私がお撮りしたものであった。

北原保雄先生には中世部会を指導していただいた。北原先生は『日国』第二版の刊行当時は筑波大学の学長をなさっていたため、広々とした学長室にうかがったこともあった。

ところで北原先生と我々若手の編集部員との間には、『日国』第二版の編集が始まるかなり前のことだが、ある出来事のためにちょっとした行き違いのようなものがあった。私が新入社員だった一九八〇年秋のことである。翌年秋に一冊物の辞書『国語大辞典』の刊行が決まり、編集部内ではその次の企画の検討も始まっていた。当時は五名いた若手の編集者は、企画会議と称して勉強会を開いていたのである。だが、私も含めてみんな自分の趣味に近い企画ばかり提案して、なかなか実現性のある企画案が出てこなかった。

業を煮やした『日国』初版の編集長だった倉島さんが、我々に刺激を与えようと考えたのであろう、親しかった北原先生をお呼びして先生のお話を聞く会を開いたのである。倉島さんとしては、あわよくば北原先生に何か企画をお願いできないかと思っていたのかもしれない。

ところが北原先生はそのときはすでに我々尚学図書ではなく、小学館の辞書編集部の方と学習古語辞典の編集を進めていた。その辞書は『全訳古語例解辞典』という書名で、一九八七年に刊行されている。今は当たり前になったが、引用したすべての用例に現代語訳が付けられた「全訳古語辞典」の嚆矢《こうし》となる画期的な古語辞典である。このような古語辞典の編纂を行っていた北原先生としては、倉島さんに頼まれたので話をしに来たものの、同じ系列の会社から二冊も古語辞典を刊行するなどできるわけがないとお思いになっていたようである。

一方の我々も、北原先生のような著名なかたのお話を聞いたからといって、すぐに新しい企画が生まれるわけがない、ましてや、今まさに古語辞典を手がけている先生に何かお願いできるわけがないと全員が思い込んでいた。先生のお話を黙ってお聞きしていればいいんだ、先生の方で何か話してくださるだろうといった、かなり受け身な態度で会に臨んだのである。最初からボタンの掛け違いのようなものがあったのだから、話が弾むわけがない。最後まで気まずい雰囲気の会となってしまった。

そのようなことがあったので、北原先生に『日国』第二版の編集委員をお願いすることになったとき、困ったことになったと思った。しかも私は、北原先生の直接の担当ではなかったものの、補助的な立場で中世部会に加わることになったのである。その部会の初顔合わせのときは、びくびくしながら出席した。北原先生も当時のことは気になされていたらしく、二人きりになったときに、

「君たちとはいろいろあったけど、あれはああいう場を設けようと考えた方が悪い。だから、まったく気にしていない」

とおっしゃってくださった。そして、その後も事あるごとに、

「君たちはかつて私に総スカンをくらわせたからなァ」

と笑い話にしてくださった。大変無礼な冷や汗ものの出来事だったが、度量の広い先生に救われた。

私が定年で退職した年（二〇一七年）の八月に、小学館から北原先生の『しっくりこない日本語』という新書が刊行された。この新書の編集には、私も少しお手伝いすることができ、あとがきに名前も載せていただいた。光栄なことである。

元NHKの名アナウンサーに日本語力を鍛えられる

そのかたは、自称「昔のアナウンサー」であった。一九六四年に放送されたNHK大河ドラマの二作目「赤穂浪士」の語りで知られていた、竹内三郎《たけうちさぶろう》さんというかたである。

竹内さんに初めてお会いしたのは、『現代国語例解辞典』の編集を担当していたときだった。この辞書では、特徴の一つとして、語のアクセントも示すことになっていた。ただすべての語にではなく、同音語でアクセントの異なるものがあった場合や、一つの語でアクセントが複数あるような場合だけにして、めりはりを付けるつもりでいた。その実作業を、監修の林巨樹《はやしおおき》先生のご親族だった竹内さんにお願いすることにしたのである。

長身の竹内さんが編集部まで来てくださり、そのお声をお聞きしたとき、間違いなくNHKの「芸能百選」という古典芸能を紹介する番組のナレーションのかただと思った。普段の語り口調もナレーションそのままに、ゆったりとしている。昔のNHKのアナウンサーは、今のアナウンサーよりも話すスピードがかなりゆっくりしていたのである。低音のお声には実に張りがある。ただ、この低音のいいお声が心地よすぎて、長時間にわたる打ち合わせのとき、不謹慎ではあるが睡魔に襲われて困った。

同音語でアクセントの違うものとは、たとえば「端」と「橋」と「箸」がそれである。同じ「はし」だが「箸」だけ「は」の部分にアクセントがある。また、一つの語でアクセントが複数あるものとは、たとえば「熊」である。動物はクマと平たく発音し、落語に登場する熊さんは**ク**マと**ク**にアクセントがある。そのため、動物の方まで同じように**ク**マと発音する人が増えていたのである。それらの説明を竹内さんに書いていただいた。ただ、二〇一六年に刊行された『NHK日本語発音アクセント新辞典』では、動物の場合も**ク**マを認めるようになっている。

竹内さんには『現代国語例解辞典』に掲載する類語の対比表も、ことばに深くかかわってきたアナウンサーとしてご助言いただいた。なにしろすでに現場を離れていてかなりたつのに、アナウンサー室のご意見番として、後輩のアナウンサーに恐れられているとお聞きしていたからである。

具体的には、たとえば、「大げさ」「大仰《おおぎょう》」「仰々《ぎょうぎょう》しい」という類語の対比表がある。この表の中に「〜（な）文体」という例文を載せたのだが、この例文の場合どの語を使うのが適切か判断していただいたのである。おそらく、「大仰」と「仰々しい」は、ほとんどの人が違和感はないであろう。では、「大げさ」はどうか。「大げさ」は事実を誇張して大きく言うことなので、文章の特色という意味である「文体」に使うのは抵抗がある人もいそうである。だが、絶対に結びつけて使えないこともなさそうである。そこで、この言い方を絶対に認めないか、あるいは必ずしも適切ではないが使っても間違いではないと考えるか、助言していただいたのである。

打ち合わせのあとは、歌舞伎町の竹内さん行きつけの「三日月」という居酒屋にご一緒することが慣例となっていた。店主は竹内さんの小学校の後輩だということだった。その店も店主が亡くなり、今は息子さんの代になっている。

その「三日月」が元NHKアナによる即席のことば教室となった。たとえばこんな感じである。あるとき私が、

「かけそばに天かすをのせて」

と言ったとたん、

「東京の人間が『天かす』なんて言っちゃいけない。『揚げ玉』と言いなさい」

といった具合である。今でこそ東京でも「天かす」と言う人は多いが、かつては関西で使われていた言い方なのである。

一九八六年に我々の編集部から刊行した『色の手帖』の「はじめに」についても、厳しいご意見を頂戴した。一言断っておくと、この『色の手帖』は私の担当ではないので、「はじめに」も私が書いたものではない。この「はじめに」の文章の末尾が、多く「であります」となっていたのである。「この『色の手帖』を刊行するものであります」「各色がより深くより広く理解されるものと期待するものであります」など

のように。

「演説の草稿じゃないんだから〈であります〉はおかしいでしょう」

と手厳しい。

会社の受付の女性のことば遣いについても、ご指摘を受けたことがある。その女性は「竹内さん、こちらでお待ちくださいませ」と言ったそうだが、「さん」で「ませ」では表現としてちぐはぐでおかしい。「竹内さま、こちらでお待ちくださいませ」と言うべきだと。おっしゃることは厳しいが、語り口調はテレビのナレーションそのままである。

竹内さんには『現代国語例解辞典』の初版刊行後も引き続き仕事をお願いしていた。ちょうどその頃に、一九七七年に放送された「NHK特集　永平寺」というドキュメンタリー番組が再放送された。ナレーターは竹内さんである。この番組は、第二十九回のイタリア賞（ドキュメンタリー部門）を受賞している。イタリア賞はイタリア放送協会主催の権威のある国際番組コンクールである。放送を見たと言ったら、竹内さんからその番組の面白い裏話を聞くことができた。

永平寺での収録が終わり、ナレーションを入れるという段になって、NHKの金沢と福井の放送局が縄張り争いを始めて、どちらの放送局からアナウンサーを出しても、しこりが残りそうになったのだそうだ。そこで両放送局を管轄している名古屋局に裁定を頼んだのだが、そこでも決定を下すことができず、東京に一任することになったらしい。結局東京のアナウンサーを使うことになり、そのときたまたま手が空いていた竹内さんにお鉢が回ってきたのだという。だが、たまたまであろうと、あの番組は竹内さんのナレーションなしには成り立たなかったと思う。

竹内さんは、ラジオで放送された「西遊記」の朗読も、朗々とした語り口が素晴らしかった。どこかでまた聞くことができないかと思っている。

その後も『現代国語例解辞典』の改訂のたびにお手伝いいただいたが、次第に体調を崩され、二〇〇七年に逝去された。

語源本の名著『すらんぐ』の暉峻先生から「出禁」にされる

昭和三十年代に「女子学生亡国論」なるものを唱えて、マスコミをにぎわせた早稲田大学の教授がいる。近世文学の暉峻康隆《てるおかやすたか》先生である。「女子学生亡国論」は、文学部は女子学生に占領されて花嫁学校と化しているという主張だった。だが、今やそれに賛同する人はいないであろう。それはさておき、私が早稲田の文学部に入学したとき先生はまだ定年前だったが、直接教わることはなかった。退任後はＮＨＫの「お達者文芸」という番組で、短歌、俳句、川柳の選者などをなさっていた。

暉峻先生は井原西鶴の研究者だが、俳諧や落語などの著書も多数ある。特に落語は早稲田大学の落語研究会の初代顧問でもあり、『落語芸談』『落語の年輪』といった名著もある。さらに『すらんぐ　卑語—ネオン街から屋台まで』も、「てるおかやすたか」の名で一九五七年（昭和三十二年）に光文社カッパブックスの一冊として刊行されている。身近なことばの語源を軽妙洒脱な文章で解説した本で、当時のベストセラーになっている。

この『すらんぐ』は、『日国』でも語源説欄で引用している。たとえば「テンプラ」の項目にも、

「調理の意のポルトガル語 Tempero から〔話の大事典＝日置昌一・すらんぐ＝暉峻康隆・上方《かみがた》語源辞典＝前田勇・外来語辞典＝荒川惣兵衛〕」

などと出てくる。余談ではあるが「テンプラ」を片仮名で書くのは語源がポルトガル語、あるいはスペイン語からだという説が有力だからである。

ただ『日国』では、

「山東京伝《さんとうきょうでん》が、利助という者の売る胡麻《ごま》揚《あげ》に命名したもの。利助はフラリと江戸へ来た天竺《てんじく》浪人であるから天麩羅であり、また天は揚げる、プラ（麩羅）は小麦粉の薄いものをかけることを意味するところから〔蜘蛛の糸巻〕」

という、面白い説も紹介している。「天竺浪人」は、一定の住所がなく流浪する人のこと。『蜘蛛の糸巻』は山東京伝の弟山東京山《きょうざん》の随筆である。「てんぷら」は京伝が

名付け親で、天竺浪人がフラリと江戸に来て売り出したからだなんて、まるで落語である。

『すらんぐ』には他にも「あばずれ女」などと言うときの「あばずれ」を、「アバは中国語の、父母と同列以上にある血族関係の婦人をいう阿婆から。これに擦《す》れからしのスレをつけたもの。または悪場ズレの略か〔すらんぐ＝暉峻康隆〕」などと説明するなど、卑語や俗語などの語源を説明していて、すべてが正しいわけではなかろうが（たとえば「あばずれ」は女性について使われることが多いが、江戸時代には男にも使っている例がある）、ベストセラーになったこともうなずける大変面白い読み物である。だが、残念なことにカッパブックスがなくなってから、長い間復刊されることはなかった。

この本が古書店でしか入手できないことを心から惜しいと思い、一九九七年の暮れに暉峻先生のお宅まで再刊のお願いにうかがった。このときが先生にお目にかかった最初である。その場で快諾してくださり、あまつさえ加筆をしようとまでおっしゃってくださった。話は即座にまとまり、あとは酒盛りとなった。間もなく九十歳になる先生は、酒の肴はまったく召しあがらずに、日本酒をぐびぐびとやられるのである。先生のお気に入りのお酒は、石川の黒帯《くろおび》と新潟の越乃寒梅《こしのかんばい》。ただし、客が来たとき一緒に飲む酒は黒帯、一人で飲む酒は越乃寒梅と決めていたらしい。越乃寒梅の方が高いから、お前たちには飲ませないんだとおっしゃっていた。

あるとき先生と一緒に飲んでいて、季語の話になった。先生は、季語は江戸時代に定めたものが多いので、今の季節とは合わなくなっている。だから、時代に合ったものに改めるべきであるという考えをお持ちだった。先生は桐雨《とうう》という俳号で、俳人としても知られている。一九九六年には現代俳句協会大賞を受賞していた。私がご著書『江戸の素顔』を頂戴したときには、

「赤提灯あれは迎え火ともよいざ」

という句を見返しに書いてくださった。ただこの本は、先生が加筆訂正用にしていたものだったらしく、随所に先生の書き込みがある。ひょっとすると貴重な本だったのかもしれない。

さて『日国』にも季語欄があることから、従来の季語に対する暉峻説もそれとあわせて載せたら面白いと考え、いかがですかと水を向けてみた。すると、酔っていたこともあったのであろう、「それはいいね」という返事が即座にあった。つまみなしで冷酒を飲んだ私もすっかりうれしくなって、

「ぜひやりましょう、よろしくお願いいたします」

と、舞い上がってしまった。

「会社に戻りましたら、季語欄を抽出したリストを作りますので、それをお持ちしま

す」

と言ってその日は意気揚々と引き上げた。

数日後、念のために先生にお電話を差し上げると、

「そんなことをオレにやらせる気か。小学館！　オレを殺す気か！　もうお前は来なくていい」

と一方的に電話を切られてしまった。今のことばで言えば「出禁《できん》」、出入り禁止になったということである。ちなみにこの「出禁」を載せている辞書は、まだあまり多くない。

季語の方は仕方がないとしても、『すらんぐ』の方も先生の怒りが収まるまでしばらく保留にしなければならなくなって困った。

ほどなく先生の勘気《かんき》は解けたのだが、今度は会社の事情でこの本を収録しようと考えていたシリーズ自体が取りやめになってしまった。先生が加筆してくださった原稿はどうすることもできず、ずっと私の手元に置かれたままになってしまったのである。

二〇〇一年四月二日に、暉峻先生は九十三歳で逝去された。その年の五月二十五日に早稲田の大隈講堂で先生を偲ぶ会が催され、ゆかりのあった人たちが大勢集まった。それはもう先生にふさわしい、にぎやかな会となった。

最初に近世文学の神保《じんぼ》五彌《かずや》先生がユーモアたっぷりに暉峻先生との思い出を語ら

れ、俳人の黒田杏子《くろだももこ》さん、落語家の五代目柳家《やなぎやこ》小さん師匠と続いた。小さん師匠は、暉峻先生は酒に酔うと話がくどくなり同じことを何回も言うので興津要《おきつかなめ》先生（早稲田大学名誉教授。近世文学の研究者で落語研究家）をいつも困らせていたという話を二回もやったので、会場は大いに盛り上がった。興津先生は暉峻先生よりも年下だったが、暉峻先生よりも二年早く亡くなっている。

小さん師匠は話のあとに、壇上で居合いを披露した。暉峻先生には、五代目小さんや、八代目桂文楽《かつらぶんらく》、六代目三遊亭円生《さんゆうていえんしょう》、八代目林家正蔵《はやしやしょうぞう》との対談をまとめた『落語芸談』という名著があるが、その小さん師匠との対談の中に、小さん師匠がおかみさんにお祝いで日本刀を買ってもらったときに、二階でその刀で居合い抜きをやったら畳を縦に切ってしまい、おかみさんに叱られるからと一生懸命その切れ目を寄せていたという話が出てくる。師匠の居合いの実演は、その話を受けてのことである。

偲ぶ会では蔵元の志とのことで、越乃寒梅、黒帯、賀茂鶴《かもつる》という日本酒がふるまわれた。もちろん生前に、お前には飲ませないと言われた越乃寒梅をいただいた。

その後『すらんぐ』の加筆原稿は、しばらく私の手元にあった。のちに、暉峻先生の加筆原稿があることを惜しんだ日本語学の小林祥次郎《こばやししょうじろう》先生が、親しい出版社に刊行できないかと掛け合ってくださった。小林先生もまた『日国』第二版では大変お世話になったかたである。こうして刊行されたのが、『新版　すらんぐ（卑語）―庶民の感性と知恵のコトバ』(勉誠出版 二〇一〇年)である。

ただこの『新版 すらんぐ』にはさらに因縁がある。この本は最初『日国』第二版の編集委員だった谷脇理史先生が解説を書くことになっていた。ところが谷脇先生は二〇〇九年八月に急逝された。そこで出版社との橋渡しをした小林祥次郎先生が、急遽解説をお書きになったのである。暉峻先生の最晩年に少しかかわりを持っただけではあるが、これでようやく先生からの宿題を仕上げた気がした。

ちなみに暉峻先生の季語の研究は、先生が亡くなられたあと、『暉峻康隆の季語辞典』として二〇〇二年に東京堂出版から刊行されている。

「逆転無罪判決」で著名な裁判官に食らった脳天エルボー

当然のことながら、法律はことばで書かれている。ところが、間違いなくそれは日本語なのに、使われている語は極めて難解なものが多い。たとえば「囲障」「物格」と言われて、何のことかおわかりだろうか。そもそも何と読むのか、すぐにはわからないかもしれない。「囲障《いしょう》」は垣根や塀などの囲い、「物格《ぶっかく》」は意思または行為の及ぶ目的物のことである。だが、後者は意味を説明されても、完全には理解できないのではないか。

国語辞典、特に大型の『日国』のような辞書は、こうした法律用語も積極的に見出し語にしている。意味の難しい漢語ばかりなので、国語辞典を当てにされることが多いからだ。ただ、その語釈の執筆は日本語の研究者には難しく、法律家に任せるしかない。初版のときも、何人かの専門家が解説を書いている。執筆者の中には現役の裁判官もいた。

私は『言泉』(一九八六年)という辞書で、法律用語も担当することになった。そのため、『日国』初版の法律用語の執筆者のお一人だった石田穣一《いしだじょういち》さんのお宅に、一九八三年にうかがっている。当時石田さんは東京高裁の刑事第七部の部総括判事をなさっていた。石田さんは鉄道ファンとしてもマニアの間で知られていた。お宅にはかつての客車のボックス席をそのまま使った部屋があった。昔は新聞記者が裁判の取材で判事の自宅で待機することがあったらしく、そのために作った部屋だったらしい。日よけの鎧戸《よろいど》まで本物である。

そのときも法律用語の話はそっちのけで、国内の鉄道全線完全乗車のお話をうかがったり、駅弁の包装紙のコレクションを見せていただいたりした。『日国』編集委員の松井栄一先生は石田さんの二つ年上で、小学校が同じだったらしく、校庭の隅でしゅっぽしゅっぽ言いながら一人で走り回っている石田少年を見かけたことがあるとおっしゃっていた。そうとう年季の入った鉄道マニアなのである。

石田さんは一九九三年に東京高等裁判所長官を最後に退官され、現在は沖縄にお住まいである。お名前の「穣一」から取ったと思われる「ゆたかはじめ」というペンネームで、何冊もの本をお書きになっている。沖縄に移られたのも、沖縄地裁所長のときに、南大東島までサトウキビを運ぶ軽便《けいべん》鉄道に乗りに行き、そこでさらに沖縄が気に入ったかららしい。現在沖縄にはゆいレールというモノレールが通っているが、昔は鉄道といえばサトウキビを運ぶ軽便しかなかったのだそうだ。

その石田さんが、原稿は若い人に書いてもらった方がいいだろうと紹介してくださったのが、当時石田さんのもとで陪席判事をしていた原田《はらだ》國男《くにお》さんである。原田さんは私よりも一回りほど上の年齢だから、その当時はまだ三十代だった。

原田さんと初めて会った日のことは、今でも忘れられない。新橋の料理屋で石田さん、編集長の並木孝《なみきあつし》さんも交えて会食をしたあと、原田さんと二人で、裁判官仲間がよく行くというカウンターだけの店に行った。その前の店でも原田さんはけっこうお酒が進んでいたのだが、カウンターで並んで飲んでいたところ、自分は合気道部出身で、関節技はこうかけるんだとか、合気道の蹴りはこうするんだとか言って、技をかけられたり、むこうずねに蹴りを入れられたり、挙げ句の果てには脳天にエルボー攻撃を食らったのである。この様子を見ていた女将が言ったものだ。

「隙を見せたらやられるわよ」

私は隙だらけだったのかもしれない。

ちょうどそのひと月ほど前に、漫画『あしたのジョー』の原作者梶原一騎《かじわらいっき》が、講談社の編集者に暴行を働いて逮捕される事件があった。私も警察に訴えると言ったのだが、冗談だと見透かされたせいか、取り合ってもらえなかった。

原田さんが東京高裁の陪席判事をなさっていたときに、お願いして裁判の傍聴に行ったことがある。裁判長はもちろん石田さんだった。原田さんから、だったらこの日にいらっしゃいと言われて傍聴に行った裁判は、とんでもない事件だった。近所に悪性の病気が流行っているので検査をしなければいけないと、保健所の職員のふりをして一人暮らしの女性宅に上がり込み、その女性に浣腸をしてしまったというものである。二審なので関係者しか出席していない裁判で、傍聴席に座った私はすっかり浮いていた。

あとで原田さんになんであのような事件の裁判に誘ったのかと聞いたところ、君に合っているからと言われた。私をどのように思っていたのだろう。

その後原田さんは名古屋地裁に移られ、最高裁調査官、東京高裁部総括判事を経て、二〇一〇年に定年で退官された。退官後は慶應義塾大学大学院法務研究科客員教授や弁護士をなさっている。

原田さんは、長らく刑事裁判官をなさっていたのだが、逆転無罪判決の裁判官としてよく知られている。東京高裁の判事時代に、実に二十件以上の逆転無罪判決を言い渡しているのである。これは、日本の刑事裁判史上、極めて画期的なことらしい。

原田さんの裁判に対する考えと、人柄はご著書の『裁判の非情と人情』（岩波新書二〇一七年）をお読みいただくとよくわかる。決して世間で言うような、冤罪《えんざい》を数多く防いだ人情裁判官ではない。厳しい面もお持ちなのである。この本では、石田穣一さんのことや『日国』のことにも触れている。原田さんはこの本で、二〇一七年度の第六十五回日本エッセイスト・クラブ賞を受賞している。原田さんのお誘いで、私も本とは直接関係がないながら、授賞式に出席してお祝いができた。

原田さんが逆転無罪判決を言い渡した裁判で、どのような事実認定を行ったのか詳しくお知りになりたければ、ご著書の『逆転無罪の事実認定』（勁草書房　二〇一二年）をお読みいただきたい。かなり専門的な内容だが、原田さんが被告人とどのように向き合ったかがよくわかる好著である。

日本エッセイスト・クラブ賞授賞式の後日、岩波書店、勁草書房の担当者が原田さんを囲む内輪の会を開いたのだが、それにも呼んでいただいた。

エルボー攻撃から始まった、素晴らしいご縁である。

原稿チェックを依頼した金融の専門家の爆弾発言

辞書の編集を通じて、ことばや文学の研究者だけでなく、他の分野のかたともさまざまなかかわりがあった。編集部の人間は分担して、いろいろな分野の専門家に執筆や内容のチェックをお願いしていたからである。

私が担当した中で、金融の相場用語の内容チェックを、ある専門家にお願いしたときは本当に苦労した。私の上司の伝手《つて》で、大手証券会社の次長さんに頼むところまではなんとかこぎつけることができた。ところがその次長さんは、最初はこちらで作成した項目リストに目を通してくれたのだが、だんだん手間のかかる仕事だと思ったらしく、こんなことを言い出したのである。

自分も証券会社の上司に頼まれて、仕方なく引き受けた仕事である。だから謝礼はいらない。辞書にも自分の名前を載せないでほしい。その代わり自分が手を入れたところ、新たに書いたものの責任はいっさい自分にはないということにしてほしい、と。

さらには、新たに書く項目は某出版社の「証券用語辞典」の語釈をそっくりそのままワープロで打って、それを手直しすることにさせてほしいとまで言ってきた。

もとよりそんなことが許されるはずもないので、私もそういうことなら次長さんには手を引いていただこうと考えた。ところが、それがどう曲解されたのか、この次長さんを紹介してくれた証券会社の上司には、次長さんが何もしてくれないので、別の人に代えてほしいと私が言っていると伝わってしまったのである。

次長さんから電話がかかってきて、自分が何もしないと上司に「たらしこまれた」

と大変な剣幕だった。それを言うのなら「たれ込まれた」だろうと思ったのだが、そんなことを言ったら火に油をそそぐだけである。黙って次長さんの言い分を聞いていたら、今度は例の「証券用語辞典」の版元に金を払って、その内容をすべて買い取ったらどうかと言い出した。そのようなことはできるわけがないと答えたら、それがダメである理由をちゃんと説明しろと言うのである。

これはもうどうしようもないと思い、すぐに編集長の並木孝さんに報告し、二人で謝罪と断りを言いに行くことにした。並木さんからは、

「いいか、お前が悪者にされても、何も言うな。俺の隣でおとなしく頭を下げていろ」

と言い含められて。

次長さんは待ってましたとばかり、私の悪口を並べ立てた。

「五年目の社員だそうだが（実際には四年目だった）、わが社の五年目の社員というと中堅どころで立派な仕事をしている、それに比べてこいつはなんだ」

と言うのである。そしてそのようなことを言いつつ、

「神永さん、ごめんね、いる前で悪口を言って」

などと言う。結局、散々私の悪口を言ったら気がすんだのであろう、こちらからの断りの話をすんなりと受け入れてくれた。

帰りがけに並木さんが、

「あの人がごねるのは無理ないよ。彼には何のメリットもない仕事なんだから。上司から無理やり押し付けられて断れないし、彼にとっては何の業績にもならないんだから」

そして、

「執筆者と喧嘩ができないような編集者はダメだ」

とまで言ってくれた。並木さんを見直したし、自分がもし編集長という上に立つ立場になったら、このように部下をかばえる上司になりたいとも思った。

ところで、この証券会社の次長さんは「証券用語辞典」の語釈をそっくりそのまま買い取ればいいではないかと言っていたが、この次長さんではない人から、実際に他社の専門辞書の語釈をほとんどそのまま書き写して渡されたことがあった。なぜ気づいたのかというと、短期間に辞書の解説文として完璧と言ってもいいような原稿が送られてきたからである。

辞書の語釈の文章は普通の文章とは違って、独特の書き方をする。たとえば「スマートホン」という項目なら、「音声通話以外に、インターネット接続、デジタルカメラによる撮影、動画や音楽の再生、ゲーム、スケジュール管理などができる高機能携帯電話。汎用のオペレーティングシステムが搭載されており、利用者は必要なアプリケーションソフトを端末にダウンロードして使用する。スマホ」(『大辞泉』)としているように、その事柄の基本的な概念をまず規定して、次いで必要な情報を付け足していく。このような書き方はよほど辞書に慣れていないと普通はできない。もちろん辞書の語釈を執筆した経験のある人も中にはいるが、あまりにも整いすぎていると、辞書編集者は疑り深いので「まてよ」と思ってしまうのである。

語釈の執筆をお願いした分野の専門辞典をいくつか当たってみて、ほどなく出所が判明した。ただその人も悪気はなかったのだと思う。その専門辞典の執筆者の一人だったのだから。だがいくら執筆者だったとはいえ、さすがに他の辞書の解説とまったく同じわけにはいかない。すべて書き直してもらったのだが、そのまま掲載していたら大変なことになっていた。

辞書数万冊……驚異の辞書コレクターがいた

世の中に辞書のコレクターがいると知ったときの驚きは、けっこう大きかった。一般の人にとって、辞書とは調べるか読むかするためのものだろうと思っていたからである。ところがそれを蒐集《しゅうしゅう》するなんて、いったいどういう種類の人間なんだろうと、想像もつかなかった。

そのコレクターは、惣郷正明《そうごうまさあき》さんとおっしゃった。ちょうど『日国』第二版の編集が始まった頃に、顧問として編集部にいらっしゃるようになったのである。元朝日新聞の記者で、「アサヒグラフ」の編集長をなさっていたこともあったという。

長身痩軀《そうく》の物静かなかたで、編集部に立ち寄るときは、いつもひもで縛った辞書類を両手に下げていた。そして自分の席に座り、それらの辞書を黙ってご覧になっていた。

編集部ではそれらの辞書類を保管する書棚を設置し、それを「惣郷文庫」と名付けた。お宅からは、一万点近い辞書類を二トントラックで三往復して運んだ。集められた辞書の分野は多岐にわたっていた。国語辞典や漢和辞典が多かったが、英語や中国語、戦前の満州語の辞典まであった。その書棚の辞書は増え続け、次第にあふれんばかりになっていった。

ところが、編集部にあった辞書は惣郷さんのコレクションのごく一部で、ご自宅にはさらに膨大な辞書が保管されていたのである。惣郷さんは『辞典の話』(東京堂出版一九七一年)、『辞書とことば』(南雲堂　一九八二年)など、辞書やことばに関する著書も多い。中でも朝倉治彦《あさくらはるひこ》氏との共著『辞書解題辞典』(東京堂出版　一九七七年)は、私は大変重宝した。主に明治、大正時代に刊行された、代表的な辞書の書誌情報がほとんど載っていたからである。『日国』第二版で明治期の辞書から用例を引用しようとしたときに、その辞書がどういう類のものなのかを知る有力な手がかりとなった。

お宅にあった貴重な辞書を見せていただいたこともある。特に印象に残っているのは、『五国対照兵語字書』という一八八一年刊行の辞書。現在では国立国会図書館のデジタルコレクションで見ることができるのだが、一九九〇年代にはまだそのようなサービスは始まっていなかった。『五国対照兵語字書』を惣郷さんのお宅で実際に手に取ってみたときの重みは、今でも忘れられない。辞書そのものの重量もさることながら、極めて貴重な辞書だったからである。

この『字書』はオランダの軍人が編纂したフランス、ドイツ、イギリス、オランダの四か国語対照の軍事用語辞典を底本とし、西周《にしあまね》らが翻訳して、日本語を加え五か国語対照としたものである。西周（一八二九～九七）は幕末から明治の思想家で哲学者だった人だが、「哲学」「理性」などといった語を作った人としても知られている。『日国』第二版では『五国対照兵語字書』から六百五十四例も引用していて、『日国』でそのことばの最も古い例となっているものも多い。たとえば「隘路《あいろ》」「衛生兵」「閲《えっ》兵《ぺい》」「海軍下士官」「開戦」「外壁」などのように、意外なものもある。

惣郷さんは一九九三年に八十歳で逝去されたが、亡くなるちょうど一年前に、日本橋の丸善で講演をなさったことがあった。江戸から明治にかけての日本での外国語辞典誕生の話で、まさにご自身が辞典誕生の場に実際に居合わせたのではないかと思わせるような語り口だった。会場には堀達之助《ほりたつのすけ》の玄孫《やしゃご》だというかたや、福沢諭吉の孫というかたも来ていた。堀達之助（一八二三〜九四）はオランダ通詞《つうじ》から英学者になった人で、一八六二年（文久二年）に、『英和対訳袖《しゅう》珍《ちん》辞書』を刊行している。その丸善での惣郷さんのお話にも登場した人物なのである。

惣郷さんのお宅にあった貴重なコレクションは、残念なことに没後散逸してしまったらしい。

ところで最近、私よりも少し若い世代の辞書コレクターが話題になった。何千冊もの辞書を集めているようで、その膨大なコレクションはテレビでも紹介されたらしい。そのかたは境田稔信《さかいだとしのぶ》さんとおっしゃる。面識はほとんどないのだが、いささか接点がある。境田さんのお仕事は校正者なので、辞書の校正をお手伝いいただいたことがあったからだ。『日本方言大辞典』という方言辞典で、数名の校正者といっしょにお名前も出ている。ただ、そのときは別の編集部員が担当していたので、私はご挨拶はしたかもしれないが、親しく話をした記憶はない。

ところが思いがけない形で、境田さんと直接会ったわけではないものの、さらにかかわりがあった。

二〇一七年に上梓した拙著『さらに悩ましい国語辞典』の中で、「早急」の読みについて書いたのだが、刊行直後にそれについて、ツイッターで触れている人がいた。といっても私はツイッターはやらないので、知り合いが教えてくれたのであるが。そのツイートの主が境田さんだったのである。全文をそのまま引用する。

『さらに悩ましい国語辞典』の「さっきゅう【早急】」には、〝NHKも「さっきゅう」を第一の読み、「そうきゅう」を第二の読みとしている〟と書いてある。出典は『NHKことばのハンドブック』だが、それは初版（平成4年）での話。第2版（平成17年）では逆になってしまったのです。

私は間違いなく『NHKことばのハンドブック』の第二版を確認しているので、なぜ境田さんが、第二版では「さっきゅう」と「そうきゅう」の読みの優先順位が逆になってしまったと言うのか、理由がよく飲み込めなかった。そもそもNHKが「そうきゅう」の読みを優先させると認めたのなら、それはそれで結構話題になると思われるのだが、そんな話は聞いたこともなかった。

「早急」の読みを『NHKことばのハンドブック』の初版と第二版とで引き比べてみると以下のようになる。実は同書では「さっきゅう」からも「そうきゅう」からも引けるようになっている。

【初版】

『さ』「早急」〔読み〕①サッキュー　②ソーキュー
『そ』「早急」〔読み〕②ソーキュー　①サッキュー

【第二版】
『さ』「早急」〔読み〕①サッキュー　②ソーキュー
『そ』「早急」〔読み〕①サッキュー　②ソーキュー

つまり、初版では「そうきゅう」で引くと、「②ソーキュー　①サッキュー」となっていたものが、第二版では「①サッキュー　②ソーキュー」と読みを示す順序を逆転させただけで、「ソーキュー」の読みは優先させていない。「① ②」というのは、「放送では、①を付けた発音を第1とし、②を付けた発音を第2とすることを示す」〈同書〈記号の説明〉より〉ということである。

また、『NHK日本語発音アクセント新辞典』（二〇一六年）では、

さっきゅう【早急】サッキュー　許容　ソウキュー
そうきゅう【早急】↓「さっきゅう」

と書かれている。つまりNHKは「ソーキュー」の読みを許容しているものの、

「サッキュー」を優先させていて、「ソーキュー」を第一の読みとはしていないのである。

では、なぜ境田さんはソーキューが優先されていると思ってしまったのであろうか。ひょっとするとと思って調べてみると、その理由がわかった。

境田さんも見ている『NHKことばのハンドブック』第二版をよく見ると、二〇〇五年十一月三十日発行の第一刷と、二〇〇六年十一月二十五日発行の第二刷とでは明らかに違いがあるのである。先に引用したのは第二刷のものなのだが、第一刷では、

『さ』「早急」［読み］　①サッキュー　②ソーキュー
『そ』「早急」［読み］　①ソーキュー　②サッキュー

となっているではないか。つまり境田さんが見たのは第一刷の方だったわけである。そして第二刷で、修正が加えられている。

辞書だって、細心の注意を払っていても誤りはある。もちろんそれは許されることではない。だが、正直に告白すると、私にも苦いと言うべきか恥ずかしいと言うべきか、そんな経験はけっこうある。だから、このハンドブックの編集担当者を責めるつもりはないのだが、校正のプロでさえ誤解させるようなミスは極力犯さないようにし

なければならないと、改めて肝に銘じたのだった。

第五章

辞書と「塀の内側」の深い関係

辞書編集部に貴重な指摘を送り続けたのは、服役囚だったか？

十九世紀のイギリスでは辞書編集という大変重い刑罰があったという、井上ひさしさんから教えていただいた話を先に紹介した。実際、辞書編集はそのような世界と縁が深いのではないかと思えるような話がある。

たとえば、イギリスの『The Oxford English Dictionary（オックスフォード英語辞典）』（略称OED）にも、そういったエピソードが存在する。世界最高峰のこの辞書は、初版編纂時においてある受刑者の功績が大きかったのである。

詳しくは『博士と狂人――世界最高の辞書OEDの誕生秘話』（サイモン・ウィンチェスター著　鈴木主税訳　ハヤカワ文庫）という本をお読みいただきたいのだが、それによると、OED編纂の中心人物だった言語学者のジェームズ・マレー博士宛に、膨大な量の用例を送り続ける謎の人物がいた。ウィリアム・マイナーという元アメリカ陸軍の軍医である。マイナーはイギリスで殺人を犯し逮捕されたものの、精神の病を理由に無罪となり、イギリスの田舎の病院に収容されていた。彼はマレー博士の辞書編纂の熱意に感動し、長年にわたり用例を送り続け、博士の仕事を支えたのだそうだ。

私たち辞典編集部にも似たような話がある。ある地方都市から、漢和辞典に関してさまざまな指摘を頻繁に送ってくる人がいた。主に辞典の中で使用している漢字の字体に関する指摘で、きちょうめんな字でびっしりと書かれていた。それらは、極めて有益な内容のものばかりだったのである。

字体とは、点と画の組み合わせからなる文字の形のことである。これは正字・俗字・新字・旧字などと区別される。たとえば、「体」という漢字は新字であるが、旧字は「體」である。ところがこの漢字には、「𩪐」「軆」「躰」「𨉷」「骵」といった新字旧字と一部は共通するものの、どこかが違う漢字が存在する。いずれも実際の文献に使われてきた漢字である。これらは、俗字だったり同字（字体は違うが同一の字と考えられる漢字）だったりするもので、それをどういう種類の漢字なのか判断するのはけっこう難しい。その判断を事細かに示してきたのである。ちなみに、字体とは別に書体という語もある。こちらは楷書《かいしょ》・行書《ぎょうしょ》・草書《そうしょ》・篆書《てんしょ》・隷書《れいしょ》などのことである。また、活字の場合は、明朝《みんちょう》・清朝《しんちょう》・宋朝《そうちょう》・ゴシック・アンチックなどがある。普通の書籍は明朝が多い。

手紙を受け取った編集者が、お礼かたがた一度お目にかかりたいという手紙を出すと、「会う必要はない」と断りの手紙が返ってきたという。

そしてしばらくしてから、その編集者が手紙の送り主の住む都市の近くまで仕事で出かけることがあり、住所を頼りに訪ねてみると、そこはどこまでも高い塀が続く場所だったのだそうだ。

会社に戻って、お訪ねしたのですがお目にかかれず残念でした、という内容の手紙を送ったところ、その人からは二度と手紙が送られてくることはなかったそうである。

その人がそうだったのかどうかはわからないが、当時刑務所では受刑者の職業訓練として、活版印刷の技術を学ばせていたようだ。活版印刷とは、活字を組んだ版を使って印刷する凸版印刷である。活字を組んだ版を作るには、まず原稿に出てくるすべての活字を集める「文選《ぶんせん》」と呼ばれる作業がある。次いでその集めた活字を原稿に指定された体裁に従って配列し、行間・字間を整えて配置する「植字《しょくじ》」と呼ばれる作業が続く。これは大変熟練を要する作業で、書籍によっては相当な漢字の、特に字体に関する知識がなければできない仕事である。その受刑者の広汎な漢字の知識も、そういったことから身に付けていったのかもしれないと勝手に想像した。

と言うのも、かつてある辞書の印刷を発注していた某印刷会社に、ご本人は口を濁して多くは語らなかったものの、どうやら植字の技術を塀の中で身に付けたのではないかと思われるかたがいたからである。もう故人になられたが、そのかたは植字のチームのリーダーで、漢字の字体に関しての知識は群を抜いていて、再三貴重な指摘をしてくださった。

現在、印刷技術そのものが電子組版に代わり、書籍印刷のために活版印刷を残している印刷会社はほとんどない。そのため刑務所の職業訓練で、活版印刷の技術を学ばせることはなくなっているのかもしれない。

殺人事件の被告人が「辞書の語釈の改変」を要望

殺人事件で被告人となった女性から、辞書の語釈の内容を変えて、自分が無罪であることの証《あかし》としてほしいという依頼の手紙を受け取ったこともある。

それは「いちい」という項目だった。「いちい」は漢字で「一位」と書く。中部地方以北では、庭木や生け垣などにする比較的ポピュラーな常緑高木を指す。別名アララギだと言えば、ご存じのかたも大勢いらっしゃると思う。

その女性が書き換えてほしいと言ってきたのは、『日国』の解説の以下の部分である。

「実は熟すと赤くなる多肉質の仮種皮《かしゅひ》でおおわれ、これは甘くて食べられる」

イチイの実は秋に生《な》るが、熟すと赤くなる多肉質の仮種皮〈種子を包む付属物〉におおわれる。イチイの仮種皮は、『日国』の語釈にもあるように、甘くて食べられるらしい。ところが、イチイの葉や種子はタキシンという有毒なアルカロイドを含有する。そのため、薬用にされることもあったが、仮種皮以外は決して口にしてはいけないものなのだそうだ。

この女性は、自分は子どもの頃からイチイの実をずっと食べ続けてきたので、幻覚症状を起こすようになり、そのせいで殺人事件を犯してしまった、だから、イチイの実には幻覚症状を起こさせる作用があるということを辞書の解説に付け加えてほしい、そうすればその内容を裁判所に証拠として提出できると言ってきたのである。

確かにイチイが含有しているタキシンは毒性がかなり強いらしいのだが、仮種皮に毒はない。ただ種子まで食べてしまうと、これにはタキシンが含まれているので、中毒を起こす可能性はかなり高くなるようだ。しかし、それで幻覚症状を起こすかどうかはよくわからない。

その女性にはそのように説明して、語釈は変えられないという返事を出した。その女性からの返事はとうとう来なかった。

警視庁捜査一課から「方言」について問い合わせ

私を指名して、警視庁捜査一課の刑事さんから電話がかかってきたこともあった。

警視庁から電話がかかっていると呼び出されたときには、自分の家族に何かあったのかと一瞬あわててしまった。そうではなかったのだが、「ちょっと教えてほしいことがある」と言われたので、今度は自分が何かしでかしてしまったのかと十年くらい前のことまでさかのぼって、あれこれ考えてしまった。警視庁捜査一課の刑事さんから質問を受けるような大物ではないと思いながら。

教えてほしいというのは、方言のことだった。

「オタクで発行している方言辞典に、頭の骨のことをいう『ごーろつ』という山梨県の方言が載っていると聞いたのだが本当か」

と言うのである。

「何を調べてもその方言は出てこないのだが、オタクの辞典には載っていると聞いたものだから」

と。

その方言が載っているという辞典は『日本方言大辞典』で、担当者が私だとどこかで聞いて電話をかけてきたらしい。確かにあると答えたら、それならそれでいいと言ってすぐに電話を切られてしまった。いったいどのような事件なのか、何のためにその方言のことを調べていたのか、残念ながら聞きそびれてしまった。

受話器を置いてから、かつて犯人からかかってきた電話の音声を、その者の出身地の絞り込みの参考にした事件があったことを思い出した。一九六三年三月に起きた「吉展《よしのぶ》ちゃん事件」という誘拐事件である。当時四歳だった村越《むらこし》吉展ちゃんが自宅近くの公園で誘拐され、犯人から身代金を要求する電話がかかってきた。警察はこの電話の録音に成功し、のちにその音声を公開して全国に情報の提供を求めたのである。

そのときに、言語学者の金田一春彦《きんだいちはるひこ》氏や鬼春人《おにはるひと》氏らがその音声をもとに、犯人の出身地を特定しようと試みている。特に鬼氏はかなり絞り込んだ出身地を推定し、事件解決後、それがかなり正確だったことが証明された。

ただ事件そのものは、解決まで二年以上もかかった。しかも一九六五年七月にようやく逮捕された犯人は、誘拐直後に吉展ちゃんを殺害し、東京都荒川区南千住《みなみせんじゅ》の円通寺《えんつうじ》の墓地に遺体を埋めたと供述している。この事件は私が小学生のときのことで、同じ子どももだったこともあるし、また南千住は常磐《じょうばん》線の駅で、沿線に住んでいた私の家族が通る場所でもあったので、よく覚えている。

実際の事件ではないが、松本清張の小説『砂の器』も、いわゆるズーズー弁が謎を解く大きな鍵となっている。余談ではあるが、一九九一年にテレビ朝日系列で放送されたこの『砂の器』のドラマ（出演　田中邦衛、佐藤浩市、国生さゆり他）で、主人公の刑事がズーズー弁の話を聞きに行く国立国語研究所の場面を、『日国』の編集部を使って撮影するかもしれないという話があった。そのとき『日本方言大辞典』（一九八九年）はすでに刊行されており、方言に関する資料はまだそのままにしていたから、そんな話が持ち上がったのかもしれない。だが、残念なことに撮影はスタジオを使って行ったらしい。田中邦衛さんに会えるのではないかと期待していたのであるが。

閑話休題。警察は犯人や容疑者の身元を割り出すために、さまざまな努力をしていることを知った出来事だった。

警察が作った「隠語辞典」が『日国』の資料になる

警察がことばの面から容疑者や取り締まりの対象となる人物の身元を割り出そうとする努力は、辞書という形になって残されている。それが「隠語辞典」と呼ばれるジャンルの辞書である。

「隠語」というのは、仲間以外の人に意味を知らせないためや、お互いが仲間であることを認めあう目的で、特定の社会、範囲の中だけで使われることばのことである。古くは香具師《やし》隠語、犯罪者隠語、遊里隠語などがあったが、最近は、若者の間の隠語など、多岐にわたって存在している。

「隠語辞典」はこうした隠語を集めた辞書だが、『日国』では特に、香具師や犯罪者などの隠語を載せたものから語彙を集めている。

『日本隠語集』（稲山小長男《いなやまおさお》編　一八九二年　後藤待賓館《たいひんかん》）
『隠語輯覧《しゅうらん》』（富田愛次郎監修　一九一五年　京都府警察部）
『かくし言葉の字引』（宮本光玄　一九二九年　誠文堂）

『特殊語百科辞典』（高久景一編　一九三二年　司法警務学会）
『隠語構成様式 并其語集《ならびにそのごしゅう》』（樋口栄　一九三五年　警察協会大阪支部）
『隠語全集』（最高検察庁刑事部編　一九五二年　刑務協会）

などである。まず「隠語辞典」は、警察関係で刊行したものが多いことに注目していただきたい。内容はと言うと、面白いというのも変だが、どこかで聞いたことのあることばがけっこうある。

たとえば「えんこ」。やくざ映画がお好きなかたは「指」のことだとすぐにおわかりだろう。これは、「えんこう（猿猴）」すなわちサルの変化した語である。この「えんこう」は、人形浄瑠璃社会では「手」のことを言っていたらしい。「猿猴」は、もともとはテナガザルのことだったので、「手」なのであろう。

たとえば、式亭三馬《しきていさんば》作の滑稽本《こっけいぼん》『浮世床《うきよどこ》』（一八一三～二三年）に、

「ぜめが、えんこう取《とり》て此方《こち》へかまれかまれと云《いい》て、何かなしにがつれてそり出したはいのう」（二編・上）

という例がある。日本語とは思えないような文章で意味がわかりにくいのは、人形浄瑠璃社会の隠語が盛んに使われているせいである。「ぜめ」は俺のこと、「かまれ」は「かまる」で「まかる（罷）」をひっくり返した語で、来る、行くという意味、「が

つれ(る)」は共に連れる、「そり出す」は行くという意味である。「俺の手を取ってこっちに来いと言って、あれこれ言うこともなく一緒に行ったのだよ」という意味である。

「えんこ」の例は、かなり新しく、高見順《たかみじゅん》の『いやな感じ』(一九六〇～六三年)という小説に、

「妙に汗ばんだ『茶碗』のドテを手でおさえつけて、エンコ(指)を乱暴にもぐらせると」

という例がある。この「えんこ」を『隠語構成様式幷其語集』では、てきや・盗人仲間で、「指」をいうと記載している。

年配のかただと、「がちゃ」という語を聞いたことがあると思う。これは盗人仲間のことばで、『隠語輯覧』によれば制服巡査をいうらしい。かつて巡査は剣を腰に下げていて、それががちゃがちゃ音をたてるところからそう呼ばれたというのである。やはり、高見順の『いやな感じ』には、

「ガチャ(巡査)と俺が見たのはカマリ(留置場)の看守だった」

という例がある。「カマリ」ももちろん隠語である。

けっこうひねった隠語もある。たとえば「おかる」。歌舞伎『仮名手本忠臣蔵《かなでほんちゅうしんぐら》』に登場する、与市兵衛《よいちべえ》の娘お軽《かる》のことである。お軽は殿中で刃傷《にんじょう》した罪で切腹を命じら

れた塩冶《えんや》判官の腰元で、塩谷判官の家臣早野《はやの》勘平《かんぺい》の妻である。夫の勘平が過って舅《しゅうと》の与市兵衛を殺したと錯覚して切腹したのち、お軽は京祇園の一力《いちりき》茶屋へ身売りする。この一力茶屋で大星由良之助《おおぼしゆらのすけ》のもとに届けられた塩谷判官の妻顔世《かおよ》御前《ごぜん》からの密書を、二階から鏡で見る七段目が有名である。この場面から、盗人仲間の隠語として、二階のこと（『特殊語百科辞典』）や、はしご、また、はしごを使った盗み方（『日本隠語集』『隠語構成様式幷其語集』）のことになるらしい。

さらに、『仮名手本忠臣蔵』ではお軽のかんざしが落ちて、由良之助は密書を盗み見られたことに気づく。そこでこれから、「おかる」は、かんざし、または婦人をいう盗人仲間の隠語（『日本隠語集』『特殊語百科辞典』）となる。こうなるとなんだか判じ物である。

警官を主人公にした映画や小説、やくざ映画などで、「がさをいれる」とか「がさがはいる」などと言っているのを、聞いたり読んだりしたことがあるかもしれない。これは「さがす（探）」の語幹「さが」の倒語で、家宅捜索、潜伏中の犯人の捜索、臨検（立ち入り検査）、非常警戒などをいう、てきや・盗人仲間の隠語である（『日本隠語集』『隠語輯覧』）。『日国』では、この意味で高見順の小説『わが胸の底のここには』（一九四六～四八年）の「焼き忘れたそれを家宅捜索（ガサ）で取られ」という用例も引用している。

高見順（一九〇七〜六五）は最初プロレタリア文学運動に参加したが、のちに弾圧にあい転向した作家である。晩年は日本近代文学館の設立にも尽力している。この高見順の『いやな感じ』は、先に紹介した「えんこ」「がちゃ」のような隠語の宝庫なのである。「えんこ」から派生した「えんこじょう」という隠語もあったそうだ。『いやな感じ』にはこんな例がある。

「エンコジョウ（手錠）をはめられた男が二人の看守にはさまれて、そこへやってきたのだ」

つまり手錠のことなのだが、先述の『隠語全集』にも載っていることばである。

このような隠語が多く使われている小説は、他に川端康成の『浅草紅団《あさくさくれないだん》』がある。一九二九〜三〇年に発表された未完の作品で、東京浅草に住む非行少年少女を中心に、関東大震災後の浅草風俗を描いている。

たとえば「ようらん」という隠語をお聞きになったことはないだろうか。洋服のことである。「よう」は西洋の「洋」、「らん」は「蘭」で、蘭はオランダの当て字「阿蘭陀」の略である。江戸時代には芝居関係者がオランダの服の意から転じて、着物を隠語で「らん」と言っていた。「ようらん」の「らん」はこれからきていて、着物に限らず衣服のことを「らん」と言うようになったようである。さらに詰め襟の学生服を俗に「学らん」と呼ぶが、この「らん」も同様と思われる。『隠語輯覧』によれば

「ようらん」は盗人仲間の隠語なのだが、『浅草紅団』や、『いやな感じ』にも出てくる。

「『面《めん》のハクイ（美しい）ナゴコマシ（色魔）がそんなに揃ふかい』『かまはねえ。ヨウラン（洋服）でランバッちゃふんだ（衣裳で体裁を飾ること）』」（『浅草紅団』）

「丸万はヨオラン（洋服）のズボンの下に」（『いやな感じ』）

『浅草紅団』に出てくる「ハクイ」も「ナゴコマシ」ももちろん隠語である。（ ）内は原文に添えられた意味である。「ハクイ」は私も若い頃に不良を気取った友人から聞いたことがある。「はくらい（舶来）」を略したことばだと言われている。「ナゴコマシ」は私は聞いたことがないが、『日国』の語源説欄には、「ナゴはオナゴの逆倒語ナゴオの下略。コマスは手に入れる、だます、口説くの意〔上方語源辞典＝前田勇〕」という説が紹介されている。『浅草紅団』の意味は、「顔立ちのいい女たらしがそんなにそろうのかい」「かまわねえよ、着るものでかっこうをつければいいのさ」といったところであろう。

最近の作家も負けてはいない。たとえば浅田次郎さんに『天切り松　闇がたり』という連作小説がある。この「天切」も盗人仲間の隠語である。浅田さんも作品の中で意味を説明しているが、窃盗の目的で、屋根、天窓などを破ること（『隠語輯覧』）である。

「むしょ」は「刑務所」の略ではない

　刑期を終えて刑務所から出所してきた人のことを俗に「むしょ帰り」と言う。この「むしょ」は、ほとんどのかたは「刑務所」つまり「けいむしょ」の略だと思っているかもしれない。実際、『広辞苑』は、刑務所の略としている。

　ところが、「刑務所」ということばが使われる以前に、「むしょ」の使用例がある。それが「隠語辞典」なのである。

「刑務所」がそれまでの「監獄」から改称されたのは、一九二二年（大正十一年）のこと。ところが、『隠語輯覧』には、盗人仲間の隠語として「監獄」を「むしょ」と呼んでいたという記述がある。『隠語輯覧』は一九一五年（大正四年）に京都府警察部が発行した。つまり、「刑務所」が生まれる七年前には、すでに「むしょ」ということばが存在していたわけだ。『日国』ではこれを根拠に、「刑務所」語源説を否定し、別の語源説を採用している。それは「虫寄場《むしよせば》」からだという説である。

「虫寄場」の「寄場」はこの場合は牢獄のことである。『日国』ではこの「虫」を、『隠語輯覧』やそれよりもさらに古い『日本隠語集』（一八九二年）の解説をもとに、「牢《ろう》。牢屋。牢が虫籠のようであるところからいうか。一説に、盗人仲間の隠語とし、『六四』の字を当てて、牢の食事は、麦と米が六対四の割合だったところからいうとも」

と説明している。『日本隠語集』は広島県の警部だった稲山小長男が編纂した隠語辞典である。牢屋を「むし」と言っていたのは、江戸時代からのようで、『日国』には浄瑠璃の『夏祭浪花鑑《なつまつりなにわかがみ》』（一七四五年初演）の例も引用されている。

おそらくこの「虫」が「むしょ」の語源で、たまたま「けいむしょ（刑務所）」の「むしょ」と重なる部分があったため、「刑務所」語源説が生じたのであろう。ただ、この「虫寄場」語源説にも一つだけ弱点がある。ムシがなぜムショと発音されるようになったのかが、説明できないのである。あくまでも推測だが、原形の「むしよせば」から、むしよせば↓むしよせ↓むしょせ↓むしょというようになった可能性は考えられる。

いずれにしても、ことばと辞書は、塀の内側や闇社会と何かしら縁があるのかもしれない。

第六章

辞書編集者、「方言」の世界に挑む

『日国』方言欄を担当し、方言の世界に惹かれる

私が『日国』第二版で主に担当したのは、先述したように引用する用例を元の文献に当たって、用例として適しているかどうかを判断する作業だった。だがもう一つ、方言欄も担当している。『日国』の方言欄は、各地の方言辞典や方言資料など千余点から、約四万五千の方言を収録している。一般語で扱う見出し語と語の成り立ちが同じものは、その見出し語のもとにまとめ、一般語に該当する見出しがないものは、単独の見出し語として項目を立てている。

方言欄は編集委員だった徳川宗賢《とくがわむねまさ》先生に全体の統括者になっていただき、当時東京女子大学教授だった佐藤亮一《さとうりょういち》先生に、採用する方言や表示方法についてご指導いただいた。この方言研究の泰斗《たいと》お二方に直接方言のお話をうかがえたことが、私が方言に興味を持つきっかけとなった。ただ残念なことに徳川先生は『日国』第二版の完成を見ずに、一九九九年に日本語教育学会で滞在中のホテルで急逝された。佐藤亮一先生も二〇二〇年に逝去された。

編集部では『日国』第二版が二〇〇二年に完結したあと、私が担当して佐藤亮一先生の監修で標準語から引ける方言辞典の企画を立ち上げた。それが『標準語引き日本方言辞典』（二〇〇四年）である。佐藤先生には、それ以前にも『お国ことばを知る方言の地図帳』（二〇〇二年）という本の監修もしていただき、これも私が担当している。

佐藤亮一先生に初めてお目にかかったのは、先生がまだ国立国語研究所の所員をなさっていたときのことである。当時、国立国語研究所は現在の立川《たちかわ》ではなく、東京都北区の西が丘にあった。研究所で打ち合わせをしたあと、東十条《ひがしじゅうじょう》駅前の先生の行きつけの居酒屋にご一緒したのだが、酩酊《めいてい》された先生から、

「失礼ですけど、どちらさんでしたか」

とたびたび聞かれ、これは大変なかたに仕事をお願いしてしまったと思ったものである。

何よりもまず先生に顔と名前を覚えていただかなければ仕事が先に進まないと考え、それからは時間があれば先生のところにお邪魔するようにした。もちろんお酒もよく飲みに行ったのだが。さすがに何度か通ううちに、何者かと聞かれることはなくなった。

第三章で触れた方言土産の「徳川コレクション」も、二〇〇三年の夏に佐藤先生の紹介で所蔵先の山形県三川町《みかわまち》まで見に行ったのである。佐藤先生は三川町が一九八七年から毎年開催していた「全国方言大会」の審査委員長を務めておられたので、そのお供も兼ねてだった。二〇〇三年の夏は、ちょうど三川町の方言大会としては最後となる、その秋の第十七回大会の準備をしているところだった。

そして同年の十月、三川町の第十七回全国方言大会は国民文化祭の一環として開催

された。同大会の当日も佐藤先生と三川町に行っている。このときの方言大会では、地元三川町出身の作家奥《おく》泉光《いずみひかる》さん原作の『坊ちゃん忍者幕末見聞録』という方言人形劇が上演された。また、青森県や富山県など各地の鍋料理がふるまわれ、大変な盛り上がりだった。人形劇の人形制作も、劇そのものも大半がボランティアの力だった。台詞は棒読みに近かったが、皆で成功させるんだという熱意が伝わってきて、幕が下りてからスタッフ全員が舞台に上がって挨拶をしたとき、なぜか私も涙がこぼれそうになった。

各地の鍋料理は南部のせんべい汁、庄内のいも煮汁、富山のきときと蜃気楼鍋、淡路の淡路風すき焼き、九州の鳥鍋の五種類だった。このとき初めて私は、噂には聞いていた青森のせんべい汁を食べることができた。餅や小麦粉の団子などの代わり(？)に南部せんべいを入れる、八戸《はちのへ》周辺の郷土料理である。素朴な料理だが、体が芯まで温まった。

方言大会午後の部の前半は、その鍋料理の説明をそれぞれの方言を使って会話形式で行うという趣向だった。全員がとにかく芸達者で、方言は単独で語られるよりも、会話として語られているものを聞く方が味わい深いことがよくわかった。三川町のオバちゃん二人の会話は場内を笑いの渦に巻き込んでいたが、残念ながら私には言っている内容が半分もわからなかった。それでも、方言の持つ人をひきつけずにはおかない不思議な魅力を感じ取ることはできた。

午後の部後半は、タレントで詩人の伊奈《いな》かっぺいさんの講演だった。自作の津軽弁の詩を朗読するなど、津軽弁の魅力に触れることができて、涙が出るほど笑いながら、なんだかあたたかな気持ちになれた。

庄内で地酒と方言に浸る

その後も毎年のように鶴岡市、酒田市、三川町といった庄内地方（山形県の日本海沿岸地域）を訪ねている。もっとも当初の目的とは変わってしまい、庄内のおいしい食べ物とお酒が目当てとなってしまったのだが。

だが、方言のことを忘れてしまったわけではない。庄内に行くと必ず立ち寄る居酒屋が三川町の隣の鶴岡市にある。「いな舟《ふね》」というその店では、料理ばかりでなく若女将の庄内弁も楽しみの一つになっている。

その若女将の庄内弁で特徴的なのは、「よぐきたの」「もっけだの（「ありがとう」の意味）」のように、末尾につく「の」（私の耳には「のん」と聞こえる）である。「のん」「のん」という柔らかな響きについ聞き惚れて、お酒も進んでしまうというわけだ。

この「の」は、『日国』によると、「分節末や文末にあって、語調を整えたり、詠嘆の気持ちを表わしたり、念を押したりする。ね。な」（間投助詞「の」）だそうだ。そして方言欄にはこの「の」の分布地域として、「山形県庄内」の地名が見える。青森県上北郡《かみきた》では「女性」が使うと書かれているが、確かに庄内でも男性が使うのをあまり聞いたことがない。

男性が末尾でよく使うのは、「さけ・はけ」（「さげ・はげ」と聞こえる）である。原因や理由を示す、「…から」「…ので」の意味で、『日国』では、現在も関西方言として用いられている「さかい」という見出し語のところにまとめられているため、「さかい」から転じた語であることがわかる。さらに、「さかい」の異形の分布地域が興味深い。圧倒的に関西地方に多いのだが、福井・富山・新潟・山形と日本海沿岸地域に分布域が見られる。江戸時代から明治にかけて、蝦夷地《えぞち》や東北・北陸地方と大坂・兵庫などを日本海航路で結んだ廻船、北前船《きたまえぶね》の影響と思われ、想像が膨らむ。

方言大会のときに各地の鍋料理がふるまわれたと書いたが、地元山形の鍋はもちろん「いも煮汁」である。ところが、そこで紹介された「いも煮汁」は私にとってはいささか意外なものだった。というのも味付けが味噌仕立てだったからである。関東地方で生まれ育った私は、「いも煮汁」と言えばなぜか醤油仕立てだとばかり思い込んでいた。ただ、私の出身地である千葉県では「いも煮汁」を食べることなどほとんどないので、何かで見たか読んだかした知識なのかもしれない。

山形にお住まいのかたには常識なのかもしれないが、庄内地方は味噌仕立て、東の内陸地方は醤油仕立てだという。さらに材料の肉の種類も異なり、庄内は豚肉、内陸は牛肉なのだとか。同じ山形県内でも庄内地方と内陸地方とでは、使われることばにかなり違いがあることは知っていたが、食文化の面まで違いがあるとは知らなかったので、大変な驚きだった。

なおまったくの余談ではあるが、いい機会なので、庄内地方の酒で私が好きな銘柄を紹介しておこう。酒田市の上喜元《じょうきげん》、楯野《たての》川《かわ》、鶴岡市のくどき上手《じょうず》、栄光富士《えいこうふじ》、遊佐《ゆざ》町《まち》の東北泉《とうほくいずみ》などである。五月頃の孟宗汁《もうそうじる》（モウソウダケを酒粕と味噌で味付けした料理）、夏の終わり頃のだだ茶豆、晩秋から冬にかけてのハタハタの湯上げ、冬なら寒鱈汁《どんがらじる》、どれも大好きな庄内の味で、地元の酒とも相性が抜群である。

「ゴミをなげる」「コーヒーをかます」は標準語？

庄内地方と内陸地方とのことばの違いは、たとえば以下のようなものがある。

先述の第十七回全国方言大会の翌日、仕事の関係で内陸にある山形市にも立ち寄った。その際に「山形の方言と文化」（十一月五日開催）というシンポジウムのポスターに、女子高生の写真にかぶせて、「18年間『ゴミをなげる』と『コーヒーをかます』は標準語だと思っていた。」というコピーが書かれているのを、たまたま見かけた。

この「なげる」は「捨てる」、「かます」は「かき回す」の意味であろうとなんとなく想像できた。だが、「捨てる」を「なげる」、「かき回す」を「かます」と言うのは、山形では内陸部の言い方で、庄内地方ではそのような言い方はしない。庄内では個人差もあるだろうが、「捨てる」は「うたる」、「かき回す」は「かんもーす」「けーもす」と言うことが多いらしい。ただし私は実際にはそう言っているのを聞いたことはないので、若い人はあまり使わなくなっているのかもしれない。

「捨てる」を「なげる」と言うのは北海道から東北地方全域にわたって広く分布していて、これらの地方では方言と思わない人が確かに多いらしい。だから「標準語だと思っていた」と言うのも無理からぬ話なのである。

もちろん語源は「ボールを投げる」の「投げる」と同じである。標準語にも手の力で遠くに飛ばす意味の「投げる」があるので、北海道・東北以外の人に「ジュースの空き缶はなげなさい」と言うと驚かれるのではないだろうか。

なお、庄内地方の「うたる」(捨てる)は東北ではこの地方を中心とした地域に見られる独特な言い方で、「うちやる」(打ち遣《や》る＝そのままにしておく)の変化だろうと言われている。関東地方では、やはり「うちやる」が変化して「うっちゃる」となる。私が生まれ育った千葉県の北西部では、「腐った大根はうっちゃっちゃえ」のように使っていたので、私にとってもけっこうなじみのある言い方である。

山形県内陸地方の「かます」や、庄内地方の「かんもーす」「けーもす」は、いずれも「かき回す」の変化と考えられている。ただ、「かます」には標準語とは言えないが、「一発かます」のような「言う、行う、与える、食べる、飲む」などを意味する俗語があるので、最初「山形の方言と文化」のシンポジウムのポスターを見たときは正直驚いた。コーヒーを飲むことを「かます」なんて、女子高生が使うことばとは思えなかったからである。だが、よくよく考えてみればそんな意味のはずはなく、「かき回す」だとわかって少しほっとした。ちなみに、千葉県北西部では「かき回す」ことを「かんまわす」と言うので、庄内地方の語形に近いのかもしれない。

この他にも、山形では、標準語では言い表せない、微妙な感覚や状態、動作などを表す方言の多さに驚かされることがある。たとえば、「くすぐる」という意味の「こちょばかす」、「くすぐったい」という意味の「こちょびたい」などは、本当に体がむずむずしてくるような気がして、なんとなく笑いがこみ上げくる。「じめじめして嫌な感じ」をいう「やばつえ」などは標準語では絶対に言い表せない独特な言い方だと思う。

標準語と同じ語形を持ちながらまったく異なった意味を表す方言や、標準語ではとうてい表現できない微妙なニュアンスを一語で表してしまう方言を知れば知るほど、方言とはなんと豊かなものなのだろうかと思うようになり、ますます方言の世界にのめり込んでいった。

横光利一『夜の靴』と、庄内の黄金の田園風景

東京から庄内地方に行くには、羽田から飛行機で庄内空港に行くか、新潟まで上越新幹線に乗り、新潟から羽越《うえつ》本線に乗り換えて北上するルートが普通である。私はほとんど後者のルートで行くようにしている。新潟県の村上《むらかみ》駅を過ぎたあたりから、羽越本線は日本海の海岸線に沿って走る。このうち桑川《くわがわ》から勝木《がつぎ》までの約十五キロの海岸線は笹川流《ささがわながれ》と呼ばれ、洞窟、絶壁、奇岩といった変化に富んだ景色が続く。特に、夕方の列車だと、天気がよければ日本海に没する夕陽も一緒に眺めることができる。何度乗っても飽きることがない。

羽越本線は小波渡《こばと》という小駅を過ぎると内陸部に向かい、海岸線から別れを告げる。この小波渡の二つ先に羽前水沢《うぜんみずさわ》という駅がある。この駅から羽州浜《うしゅうはま》街道を北西に行ったところに、鶴岡市西目《にしめ》という地区がある。ここの旧上郷《かみごう》村に、私が大学の卒論で取り上げた作家の横光利一が終戦の三日前に家族と疎開し、この地で終戦を迎えている。鶴岡は横光の夫人の実家があった土地である。

横光はそのときの出来事を、『夜の靴』というエッセイ風の小説に書いている。私は羽前水沢の駅を列車が通過するたびに、その中の次のような一節を思い出す。

「外国から帰って来たとき、下関から上陸して、ずっと本州を汽車で縦断し、東京から上越線で新潟県を通過して、山形県の庄内平野へ這入《はい》って来たが、初めて私は、あそこが一番日本らしい風景だと思ったことがある。見渡して一望、稲ばかり植ったところは、ここ以外にどこにもなかったからだった。その他の土地の田畑には、稲田は広くつづいても中に種種雑多なものが眼についたが、穂波を揃へた稲ばかりといふところはここだけだった。この平野の、羽前水沢駅といふ札の立った最初の寒駅《かんえき》に汽車が停車したとき、私は涙が流れんばかりに稲の穂波の美しさに感激して深呼吸をしたのを覚えてゐる。ところが、私は今そこにゐるのだ。あのときは何の縁もないところのこととて、よもやここに自分が身を沈めようとは思はなかったのに、まったく十年の後に行くところのなくなった私は、偶然こんなところへ吹きよせられようとは、これが私にとっての戦争の結果だった」

横光は一九三六年二月に「東京日日新聞」「大阪毎日新聞」両紙の特派員として、日本郵船箱根丸で渡欧している。ヨーロッパではパリを拠点にチロル、ウィーン、ブダペスト、フィレンツェ、ミラノを観光し、その年の八月にベルリンでオリンピックを見てから、シベリア経由で帰国した。このときヨーロッパで見聞した事柄は、のちに長編小説『旅愁』の中で随所に活かされている。そして、横光は日本に上陸したその足で引用文にもあるように庄内まで行き、鶴岡市にある温海《あつみ》温泉に休養のために滞在した。その「十年後」、実際には九年後に温海温泉ではないが同じ庄内の地に家族と疎開したのである。

『夜の靴』とは印象的な書名だが、江戸時代中期の曹洞宗の僧指月慧印《しげつえいん》の詩の題からとっている。横光はこの詩の一節「木人夜穿靴去、石女暁冠帽帰（もくじんよるくつをはいてさる、しゃくじょあかつきにぼうしをかぶりてかえる）」を小説のサブタイトルにしている。「木人」は木で作った人形のことで、迷いの心を絶った姿にたとえられる。「石女」は石で作った女の像のことである。横光はこの詩の題について、以下のように述べている。

「こつこつ鳴る靴音（ひとり寺から帰る自分の靴音のこと。引用者注）から指月禅師のそんな詩句が泛《うか》んで来る。夜の靴といふこの詩の題も、木石になった人間の孤独な音の美しさを漂はせてゐて私は好きであった」

小説『夜の靴』は敗戦によって打ちのめされた作家が、自分のことを著名な作家だとはほとんどの人が知らない土地で暮らし、そういった人たちとの交流の中から次第に再生していく姿を描いた横光晩年の傑作である。晩年というのは、横光は一九四七年の暮れに胃潰瘍に腹膜炎を併発して、四十九歳で死去しているからだ。

横光が「穂波を揃へた稲ばかりといふところはここだけだった」と述べているように、今でも秋に庄内に行くと、息をのむような金色の稲田を見ることができる。

先に庄内弁の「の」について書いたが、『夜の靴』には他の方言はほとんど出てこないのに、地元の人たちが使うこの「の」や「のう」だけは盛んに出てくる。横光にとってても印象的な方言だったのかもしれない。

庄内弁紹介のビデオ『方言の旅』と、助詞「さ」の謎

三川町で行われた最後の「全国方言大会」の翌年、二〇〇四年の五月にも私は方言がらみで庄内を訪れている。

このときも羽越本線経由で鶴岡まで行った。ただ残念なことに、昼間の列車だったが。三川町には鉄道は通っていないので、鶴岡からはタクシーで行くことになる。初めて庄内を訪れたときもそうだったが、庄内で最初に会話をするのはほとんどがタクシーの運転手さんになる。これがけっこう手ごわい庄内弁なのだ。行き先を告げ、車が走り出したとたん、いきなり方言ゾーンに投げ込まれてしまったことを意識させられる。そんな運転手さんだが、彼らの中にも年寄りの庄内弁はわからないと言う人もいるのだから面白い。三川町には、町の中心部からやや離れたところに私の知人が住

んでおり、その知人の方言は地元の人もわからないときがあるという。私に歯が立たないのも当然である。

方言がらみで三川町に行ったというのは、当時国立国語研究所（国研）が『方言の旅』という庄内弁を紹介するビデオを制作していて、その上映会とフォーラムディスカッションがあったからである。

このビデオは、橘美子《たちばなよしこ》という東京の大学生が方言をテーマにレポートを書こうと思い立ち、教授の紹介で三川町を訪ねるというストーリーになっている。教授というのは佐藤亮一先生のことで、大学生を演じたのは当時東京女子大の学生で実際に佐藤先生の教えを受けていた、女優の原田佳奈《はらだかな》さんである。このとき原田さんはまだ女優になりたての頃だった。現在も原田さんは舞台や映画、テレビドラマなどで活躍中だが、このようなビデオに出演していたことを知る人はあまりいないかもしれない。

その原田さん演じる橘美子が三川町で会って、方言についていろいろ教えを受けるのが佐藤武夫《さとうたけお》さん（実名）である。佐藤さんは、「東北弁、庄内弁を大事にする会」の会長で、三川町の全国方言大会を最初に企画されたかたでもあった。立派なあごひげと見事な禿頭《とくとう》のかただったが、数年前に亡くなられた。

ビデオでは橘美子が庄内で特に印象に残ったことばとして、「さ」という助詞を取り上げている。土地の人に、三川行のバスを聞いたときに、「酒田行きさ乗って行けば、三川さとまる」などと言われたからだ。美子は東京に戻ってからさまざまな文献をもとに「さ」について調べるのだが、小学館の『日本方言大辞典』（一九八九年）も引いている。そこでは「さ」について以下のように記述している。

さ〔助詞〕
体言に付いて、対象、場所、方向などを示す。へ。に。　下北※０５１／盛岡※０５４／仙台「京さいく」※０５８／庄内※０６０／会津※０６２／常陸《ひたち》「海さ入る」※０６４／東北００２／青森県０７３「汽車さ乗る」「んがさ柿呉《く》れる（おまえに柿をやる）」０８２／岩手県０９６「机の上さおげ」１００１０６／宮城県遠田《とおだ》郡１１８／石巻１２０／秋田県「それさ書け（それに書け）」１３０「母さんさ気いもませねえで」１３５／山形県１３９　１４９／福島県１５５／茨城県１８８／栃木県１９８／千葉県「棚さ物を上げる」０６２２７２　２７４／山梨県南巨摩《みなみこま》郡「電灯線さだる（たるみ）がきた」４６３／長野県南佐久郡４８７／肥前００２／［文献例］滑稽本・浮世風呂－前・上「わしイ国さ居たとき、珍事てうような事が有《あっ》けヱ」

数字は根拠となる方言資料集に付けた番号で、出典一覧を見るとどの地域の何という方言資料かがわかるようになっている。※印が付けられたものは、近世の資料である。これから、この「さ」の分布地域は、東北地方が中心であることがわかる。さらに江戸時代の滑稽本『浮世風呂』の、田舎から出てきた者が「国さ居たとき」と言っている部分を引用している。「珍事てうよう」の「てうよう（ちょうよう）」は本来は、「ちゅうよう（中夭）」なのだが、「中夭」は俗に「ちょうよう」と読まれることもあった。「珍事中夭」で思いがけない珍奇なことという意味になる。

三川町で行われたこのビデオの上映会には当時の国研の甲斐《かい》睦朗《むつろう》所長をはじめとする関係者や、出演した原田佳奈さん、佐藤武夫さん、ビデオの制作スタッフも参加し、町の人たちも百人以上集まり、三川町の方言に対する関心の高さを感じさせた。

その後残念ながら三川町では方言に関するイベントは行われなくなってしまったが、二〇一二年には東京女子大学教授篠崎《しのざき》晃一《こういち》先生が、町の広報紙で連載していた庄内弁についてのコラムをまとめて、町として『庄内方言よもやま話し：しのざき先生のこげだ話し覚えっだが』を刊行している。この本は町内の児童生徒にも配布したらしいが、私も少しだけ刊行のお手伝いをしていて、そのことでも三川町に行っている。

ちなみに私は庄内弁の中では「もっけ」ということばがお気に入りである。ありがとうの意味で、「もっけだのう」などと使う。『日本方言大辞典』にも、「丁重であるさま。贈り物などを受けて礼に言う語。庄内※060／山形県東田川《ひがしたがわ》郡038」とある。三川町はまさに「東田川郡」の一部である。思いがけない幸運のことを「もっけの幸い」と言うが、その「もっけ」からきている。「もっけ」は「もののけ」の変化した語で、思いがけないこと、不思議なことという意味である。「物怪・勿怪」と書く。思いがけない幸運を得たということから、お礼のことばになったのであろう。ただ、庄内でも若い人はあまり使わなくなっているのかもしれないが。

愛媛で聞いた謎のことば、「梅干しをはめる」

その地域特有の方言でありながら、方言とは認識されにくいものを「気づかない方言」などと呼ぶ。「えっ、それって方言だったの?」というやつである。標準語と同じ語形を持ちながら、意味が違う場合に多い。山形弁の「なげる」もそうである。

「気づかない方言」に関して、愛媛県の松山市に行ったときにこんなことがあった。タクシーに乗った際に、運転手さんに愛媛のおいしい地酒を教えてもらいたいと思い質問してみた。ところがその運転手さんは日本酒党ではなかったらしく、会話があまり弾まなかった。そこで、普段何を飲んでいるんですかと聞いてみたところ、ほとんど焼酎ですという返事だった。焼酎をお湯で割るのがお好みだったらしい。そして、

「梅干しをはめるとうまいんです」

と言うのである。

梅干しを「はめる」？

とっさに私は、愛媛にはコップの口をふさぐような巨大な梅干しがあるのだろうかと思ってしまった。だが、もちろんそんなわけはない。この「はめる」は、「入れる」の意味の方言だったのである。その晩、お隣の香川県の出身で、愛媛の方言にも詳しい愛媛大学教授の佐《さ》藤《とう》栄《えい》作《さく》さん（日本語学）に会ったのでその話をしたところ、いろいろと興味深いことを教えてもらった。栄作さんは大学の一年後輩だが、学生時代からの親しい友人でもある。

「はめる」は、標準語ではぴったりと合うように入れ込むという意味である。だが、愛媛県では「コップに水をはめる」のように「入れる」の意味で使い、この言い方は愛媛だけでなく四国全県に見られるのだそうだ。『日国』の「はめる」の方言欄にも、徳島県の「自転車に空気をはめる」という例文が紹介されているが、これもよく使う言い方らしい。

また「はめる」は他動詞だが、これに対応する自動詞「はまる」も存在し、「入る」の意味で使われるようだ。「目にゴミがはまる」などのように。そのままの意味で想像すると、不謹慎だがちょっと笑ってしまいそうである。

さらに、徳島県では「はめる」をとても面白い意味で使っているのだという。仲間に入れる、加えるという意味で、「ゲームの仲間にはめてくれ」などと使うのだそうだ。標準語の語感からすると、一度仲間に加わったら二度と抜け出せなくなるのではないかという気がしないでもない。

ところで、私自身にも方言とは知らずに長い間使っていたことばがある。「今日、車にひかれはぐってひやりとした」などの「はぐる」がそれである。標準語の「〜はぐる」は「〜しそこなう」の意味で、「食べはぐる」「見はぐる」は、それぞれ食べたり見たりする機会を失うの意味となる。ところが、「車にひかれはぐる」は、「車にひかれそこなう」ではなく、「あやうく車にひかれそうになる」という意味で使っているのである。

この意味の「〜はぐる」は、茨城県のほか栃木県にも分布しているらしい。私は千葉県出身なので、なぜそのような言い方をするのか長年不思議だった。考えられるのは、私の父方の祖父と母方の祖母は茨城の出身だったので、ルートはそこしかなさそうだ。文字通り気づかないうちに受け継がれてきたらしい。しかも、さらに驚いたことには、私の子どもたちもこの方言を使っていたのである。方言の感染力たるや、恐るべしである。

このような「気づかない方言」は、その土地に住む人々にとってはまさに方言とは気づかない言い方だが、それを普通の国語辞典に載せることは今までほとんどしていなかった。『日国』も方言欄があるから、たまたま載っているだけなのである。

ただ最近は、このようなことばを載せる辞書も出てきている。たとえば三省堂の『例解新国語辞典』は他書に先んじて、そうした語を掲載するのに積極的である。この辞書の編修代表は、先に紹介した『庄内方言よもやま話し』の篠崎晃一先生である。私がかかわった辞書ではまだだが、分布が広範囲にわたっている語であれば、立項するかどうか検討してみる必要はあるのかもしれない。

『日国』がはまった、「スコップ」と「シャベル」の落とし穴

「気づかない方言」に気づかないと、辞書の語釈まで変えてしまうことがある。別の本でも書いたことだが、たとえば「スコップ」と「シャベル」の関係がそうだ。「スコップ」と「シャベル」は、西日本と東日本とでは指すものが違うことが多い。

このことを知らないと（気づいていないと）おかしなことになってしまう。恥をさらすようだが、『日国』がまさにその落とし穴にはまっている（「いる」と現在形なのは現行の第二版がそうだからである）。

『日国』で「スコップ」を引くと、「小型のシャベル」とある。つまり、シャベル＞スコップというわけだ。だが、千葉県出身の私は、スコップ＞シャベルなのである。これは決して私だけがおかしいわけではない。東日本では大型のものを「スコップ」、小型のものを「シャベル」と言うことが多いのに対して、西日本では大型のものを

「シャベル」、小型のものをスコップと言うことが多いのである。ただ、どうしてそのような違いがあるのか、その理由はよくわかっていない。

いずれにしても『日国』は西日本型で、この項目の原稿を書いた人は、西日本出身者だったのかもしれない。書かれた原稿の内容で書いた人の出身地がわかるなんて、話としては面白いが、辞書の正確さから考えたら大いに問題がある。このような東西の対立がある語は、どちらか一方の立場からではなく、両方に配慮しながら意味を記述する必要があるだろう。それに気づかなかったのは、言い訳にもならない。

「セトモノ」「カラツ」「ヤキモノ」という呼び名は、どう分布しているか

沖縄県那覇市に「壺屋《つぼや》やちむん通り」というところがある。沖縄の代表的な陶器である壺屋焼の窯元《かまもと》やお店が並ぶ一角である。以前沖縄に行ったときに、ぐい飲みを集めていると言ったら、土地の人にここに行くようにと勧められた。壺屋焼は十七世紀に琉球《りゅうきゅう》王朝が各地に分散していた窯元を集結させたことに始まるそうで、素朴な味わいがある。

ところで、この通りの名になっている「やちむん」とは、「焼き物」のことである。方言辞典ではないが、佐藤亮一先生監修の『お国ことばを知る方言の地図帳』によると、陶磁器を表すことばは、セトモノ、カラツ（モノ）、ヤキモノの三つの系統に

大きく分けられる。関東人である私にはセトモノになじみがあるのだが、このことばは北海道から近畿まで最も広い分布を見せている。セトモノという言い方は中国・四国・九州にも点在している。だが、面白いことに沖縄と富山・石川には分布が見られない。

沖縄はというと、ヤキモノが変化したヤチムンが広く分布している。ヤキモノは他に中国西部、九州西部、岐阜、三重などにも分布が見られる。

カラツ（モノ）は、その名からもわかるように佐賀県唐津市を中心に作られた陶器のことである。石川、富山の他、中国・四国や九州東部などに広く分布している。唐津は九州にあるので、その周辺でカラツ（モノ）という言い方が分布しているのはわかるが、石川、富山にも広まっているのは面白い。流通の関係なのであろうか。

ところで、このような陶磁器を表すことばは、語の発生順序を考えると、「土を焼いたもの」というそのままの言い方であるヤキモノが最も古く、産地名が付けられたセトモノ、カラツ（モノ）が後ということになるであろう。

方言はその語の分布地域の表示も重要な情報である。なぜなら、たとえばセトモノ、カラツ（モノ）などの分布からその品物の流通経路もわかるからである。

なお余談ではあるが、私が買い求めたぐい飲みは、壺屋焼によく描かれている魚の絵柄のものである。そのときは他にもう一つ、琉球ガラスのぐい飲みも購入した。琉

球ガラスは、インターネットの無料辞書サイト「コトバンク」に掲載されている『デジタル大辞泉プラス』によると、

「沖縄県で生産されるガラス製品。明治期に本格的な製造が始まり、戦後は米軍人やその家族からの注文により生産が拡大。軍施設から破棄されたコーラやウィスキーの空き瓶を活用した色ガラス製品が作られるようになる。県の伝統工芸品に指定」

とある。つまり、廃棄されたガラス瓶を再生させたガラスなのである。ガラス製品でしかも再生品だというのに、まるで陶器のようなぬくもりが感じられる。店に並べられている中からたまたま気に入ったものを買ったのだが、壺屋焼と琉球ガラスのどちらも、それぞれを代表する作家の作品だった。私の宝物である。

各都道府県出身の著名人の「方言愛」にふれる

小学館の国語辞典を編集しているセクションでは、web日本語というホームページを開設して、刊行した辞書を紹介したり、コラム、エッセイなどを連載したりしている。そのコラムの中に、各都道府県出身の著名人に方言についての思い出を書いていただいたことがあった。最初は別の編集者が担当していたが、途中から私が担当

した。なんとか四十七都道府県すべてを網羅したいと考えて始めた企画だが、引き継いだときには三分の一近い県が残っていた。まずその県の出身者を探すことから始め、次に執筆の依頼をするわけだが、中には取材に来てほしいというかたもいて、楽しみながら担当することができた。分量の都合で文に起こせなかったことが残念なほど、たくさんのお話をお聞きすることができたからである。

これらのコラムは二〇〇七年に『私の好きなお国ことば』というタイトルで書籍版として刊行した。千葉県出身のイラストレーターの山口マオさんには、エッセイだけでなく、カバーのイラストも描いていただいた。山口さんは房総半島の南端の千倉《ちくら》（現南房総市）のかたで、私は千葉の北西部出身だが、同じ千葉でもかなり方言が異なっていることを知って、とても面白いと思った。山口さんが挙げてくださった方言の中では、「おっぺす」が私と共通していた。おわかりであろうか、「押す」という意味である。

埼玉県出身の落語家林家《はやしや》たい平《へい》さんは、ちょうど人気番組「笑点」の大喜利メンバーになったばかりで、忙しいからと断られるのでないかと思ったが、すぐに原稿を書いてくださった。お父上のことや、ご自分の家族のことに触れたとてもあたたかな内容のものである。「笑点」のたい平さんも面白いが、私は明るくてにぎやかな生の高座が好きである。

福井県出身の元プロ野球選手川藤幸三《かわとうこうぞう》さんに取材を申し込んだのは、私情がかなり入っている。昔からのファンだったのだ。私は関東人ではあるが、高校生の頃から阪神ファンなのである。川藤さんから大阪まで取材に来てほしいと言われたのをいいことに、喜び勇んで出掛けた。お話をうかがって、川藤さんは自分のことをよく「わし」と言っているが、いばってそのように言っているのではなく、それが若狭弁だと初めて知った。

滋賀県出身の松本修《まつもとおさむ》さんは、方言と深いかかわりのあるかたである。ご自身がプロデューサーを務めていた朝日放送の「探偵！ナイトスクープ」という番組で、アホとバカということばが全国にどのように分布しているかを調査して、のちに番組の内容をもとに『全国アホ・バカ分布考――はるかなる言葉の旅路』（現在は新潮文庫）という本にまとめている。ちなみにこの本には、アホ、バカ以外の人をののしる言い方も載せていて、茨城では「デレスケ」と言うとある。ルーツが茨城の父親から、私は間違いなくそう言われていた。

上方の噺家桂文福《かつらぶんぷく》さんは、和歌山県出身である。私が落語好きだったこともあって、原稿を書いていただいたあとも何度か落語会にうかがった。東京にいらしたときだけでなく、関西の大学であった日本語研究者の学会に出席した折にも、宝塚市の中山寺《なかやまでら》で行われた落語会に行っている。そのときは本尊を背に高座をしつらえた、不思議な雰囲気の落語会だった。

　鳥取県出身の漫画家水木しげるさんには、半分ほど原稿をお書きいただいたところで、これ以上はむりだと投げ出されてしまった。水木プロダクションの社長であるお嬢さんからは、年が年なのでお許しくださいと言われ、困った挙げ句、以前ご本人がお書きになったものをもとに私が書き足した。それを見ていただいて、なんとか形に仕上げた。

　熊本県出身の歌手の八代亜紀さんからは、自宅にいらっしゃいと言われ、喜び勇んで取材にうかがった。そのときはなぜか上司も八代さんのお話をうかがいたいと言ってついてきた。どうやらファンだったらしい。八代さんはくつろいだ姿で、プライベートで人と会うときにしか使わないという部屋で、熊本時代の話をたっぷりとしてくださった。そしてさらには自作の絵を展示した部屋まで案内してくださった。飾らないお人柄に、私もすっかりファンになってしまった。

　他にも、山形県出身の俳優で劇作家の渡辺えり子さん（現渡辺えりさん）、群馬県出身の「古文の土屋《つちや》」で有名な土屋博映《ひろえい》さん、神奈川県出身のラジオパーソナリティー高島秀武《たかしまひでたけ》さん、山梨県出身の元ＮＨＫアナウンサー国井《くにい》雅比古《まさひこ》さん、岡山県出身の俳優で悪役俳優で結成された悪役商会のリーダーの八名《やな》信夫《のぶお》さん、徳島県出身の漫画家柴門《さいもん》ふみさん、香川県出身の宇宙物理学者佐藤《さとう》勝彦《かつひこ》さん、佐賀県出身の同県知事（現衆議院議員）古川康《ふるかわやすし》さん、大分県出身の俳優石丸謙二郎《いしまるけんじろう》さん、宮崎県出身の参議院議員福島瑞穂《ふくしまみずほ》さんに寄稿していただいた。これらのかたがた以外にも、私の担当ではなかったときに原稿を書いてくださったかたが、三十人ほどいる。この企画を担当してつくづく感じたのは、みなさん本当に自分が生まれ育った土地の方言を大切に思っているということだった。

今、方言は消滅の危機にさらされている。特に、二〇一一年の東日本大震災によって自分の住んでいた地域を離れなければならない人が数多く出て、方言を使うコミュニティー自体が失われつつある。方言が消滅するのは仕方のないことかもしれないが、やはり記録として残しておいてほしいという思いもある。方言辞典を編集したり、辞書に方言を載せたりすることは、そういった意味でも大事なことだと考えている。

「方言辞典」作りの現場から

最後に、方言辞典がどのように編集されるのか簡単に触れておこう。

方言辞典ではまず方言調査が欠かせない。方言調査とは方言語彙の収集のことだが、それは主に以下の三つの方法で行われることが多い。

一つは「郵便法（通信調査法）」。インフォーマント（情報提供者）と郵便やｅメールなどによって調査票をやり取りする方法である。その場合、アンケート用紙を作成して、選択肢の中から選んでもらうこともある。

もう一つが「実地調査」。主に面接調査の形をとって行われる。たとえば、国立国語研究所（国研）編の『日本言語地図』（一九六六～七四年）は、北海道から琉球諸島に至る全国二千四百か所で現地調査を行った結果に基づいて制作された。その調査は一九五七年度から一九六四年度にかけて行われている。インフォーマントは一九〇三年以前に出生した、その土地生え抜きの男性（各地点一名）だったそうである。男性だけなのは、女性は婚姻などで他の地域から移ってきた場合も考えられるからであろう。

なおこの『日本言語地図』は、現在国研がインターネットで地図の画像を公開している。また、この地図の略図に解説を施したものが、私が担当した佐藤亮一編『お国ことばを知る方言の地図帳』（二〇〇二年）である。この本は現在講談社学術文庫として刊行されている。

実地調査では、私も一度だけ佐藤亮一先生の方言調査のお供をしたことがある。二〇〇三年八月のことである。場所は徳島県の鴨島町《かもじまちょう》（現吉野川市）で、当時鴨島町は吉野川の流域にある人口二万五千人ほどの、徳島の中では比較的大きな町だった。同行者は当時徳島大教授だった岸江《きしえ》信介《しんすけ》さん（日本語学）と岸江研究室の石田《いしだ》祐子《ゆうこ》さん（当時）、そして香川県話し言葉研究会の島田治《しまだおさむ》さんだった。島田さんは、香川方言の研究者だが、北前船の研究家でもある。

実地調査の場合は、録音機が欠かせない。確実に録音するためには、録音機の性能もさることながら、途中での電池切れを防ぐための電池交換も細心の注意が必要である。また、この調査に使用する録音機も時代の流れとともに大きく変わった。カセットテープからＤＡＴ（digital audio tape）、そしてＩＣレコーダーというように。ＤＡＴと言っても若い人はご存じないかもしれないが、ダットなどとも呼び、音声をデジタル信号化してテープで録音あるいは再生するシステムである。現在これを製造しているメーカーはなく、専用テープもほとんど入手不可能となっている。二〇〇〇年代になってＤＡＴの製造販売が中止になり、さらに将来的には録音したテープが劣化し録音内容が消滅する可能性があるというニュースが流れたとき、方言研究者の一部には激震が走った。

石田祐子さんのお宅に来てくださったインフォーマントは、石田さんのお祖父さんの石田明さん、近所の石田良一さん、桑原義広さん、桑田武志さんの四名だった。ほとんどが昭和五年前後のお生まれだが、発音や言いまわしは微妙に異なっていた。鴨島町から出て数年間、関西方面で暮らした経験のある人が中にいたせいであろう。他の地域での生活は特に若い頃は影響が大きい。たとえばその土地でずっと暮らしてきたお年寄りでも、さまざまな地域で暮らした人たちが集められた軍隊を経験したかたは、自分の出身地以外の方言の影響を受けてしまうものらしい。

このときの調査は、日常生活の挨拶を含めたことばについてと、簡単な対話形式のやり取り、さらには昔話の桃太郎をそれぞれ読んでもらうというものだった。この中では対話がいちばん自然な音が録れたようだが、桃太郎は教科書に載っていた文章が頭に残っているのか、方言でやってくれと言うとみなさん一様におろおろし始めた。標準語を方言に翻訳するのは、日頃使っていることばであってもけっこう難しいものらしい。

方言調査での質問方法はいろいろあるが、たとえばなぞなぞ式と呼ばれるものがある。これは「ニャーニャーと鳴く動物を何と言いますか？」とか、質問者が自分の体の部分を指し示して、「この部分を何と言いますか？」などと聞く方法である。

また、翻訳式という方法は、標準語で「かたつむり」をこの辺りではどう言いますかという質問形式である。実際にわずかな時間ではあるが方言調査を体験してみて感じたことは、相手が人間なのでとにかく気配りが必要だということだった。あまり調査時間が長すぎるとインフォーマントが疲れてしまい、正確さが失われる。どこまでやるか、また、やめるタイミングをどうするか、その判断がけっこう難しい。

この章では話が脱線ばかりしていて恐縮なのだが、調査のあと、吉野川の第十堰《だいじゅうぜき》を見に行った。この堰は一七五二年（宝暦二年）に徳島藩によって吉野川に築造された固定堰である。「かつての吉野川本流筋（現在の旧吉野川）およびその分流である今切《いまぎれ》川下流の村々への農業用水を確保するために設けられた」堰だという（『日本歴史地名大系』）。吉野川を水面よりもやや高い幅約三十メートルの石積みでせき止めて、緩やかな流れを維持したものである。ただ昭和四十年代にコンクリートブロックで補強したらしい。第十というのは地名で、十番目ということではない。

私たちが訪ねた二、三日前に、その堰の上を歩いて渡ろうとした中学生が二人、流れの速いところで足をとられて流され、一人は下流で遺体となって発見されたという痛ましい事故があった。流れは堰の一部で急に速くなるように見える。一見歩いて渡れそうなのだが、かなり危険な場所だと思われた。

閑話休題。方言調査の三つ目の方法は「文献調査」である。各自治体や郷土の研究家が作成した資料をもとに調査する方法である。それらの資料は、各地域の方言辞典だったり、研究論文だったり、報告書だったりさまざまである。

『日国』の方言欄はこの「文献調査」によって作られている。『日国』の方言欄作成のもとになった資料は、大岩正仲《おおいわまさなか》先生（元千葉大学教授）が収集したもので、その数は一千冊を超えている。大岩先生は膨大な数の方言カードも作成され、それらをもとにして方言大辞典を作りたいとお考えになっていたらしい。だが、それを果たすことなく一九七二年に帰らぬ人となった。

大岩先生のご遺志を無にしてはいけないと、事業を引き継がれたのが徳川宗賢先生である。大岩先生が遺されたものは、徳川先生によって『日国』の方言欄や、さらには『日本方言大辞典』（一九八九年）という約二十万項目の方言を収録した辞典へと結実した。

この大岩先生の方言資料と膨大なカードは、今でも小学館の辞典編集部で保管している。編集部は何度か引っ越しをしてきたのだが、その都度『日国』の資料と一緒に保管場所を変えて守り続けてきた。

その中に『三重県多気《たき》郡五箇谷《ごかだに》村波多瀬《はたせ》方言』という資料がある。著者は『日国』初版と第二版の編集委員林大《はやしおおき》先生である。この資料は林先生が、三重県出身の母上が使っていたことばを思い出しながらまとめた手書きのノートである。世の中に一冊しかない貴重なものである。

第七章　なぜ、ことばの〝誤用例〟を集めるのか

なぜ「布団をひく」と言ってしまうのか

辞書編集で大事な仕事の一つに用例集めがある。それは新しい意味や用法ばかりでなく、いわゆる誤用と言われている使用例も含まれる。

〝誤用例〟は辞書の中で引用されることはほとんどないが、辞書を編集している者にとっては極めて貴重な資料となる。私もそのような例を採集していて、これまでも自著などで一部を紹介している。

もちろんそれによって、そのような使い方をしているかたを批判したり、貶《おとし》めようとしたりする意図は毛頭ない。従来なかった用法として興味深い例だと考えて、採集しているのである。

だが、中には私の意図がわかってもらえず、困ったこともあった。

たとえば、「布団をしく」と言うべきところを「布団をひく」と言う人が多いので、以下のような文章を例として使ったことがあった。

「しゃべらぬじいさんの、チェーン＝ストークス呼吸（大きくなったり静止したりする不規則な呼吸）を聞きながら床の上に布団をひき、じいさんの手の脈を時々取ってみながら」

医師でノンフィクション作家でもある徳永進氏の『臨床に吹く風』（一九八六年）というエッセイ集から採った例である。徳永氏はがん終末期の医療が専門の内科医で、著書も多く、ファンも大勢いるらしい。その徳永氏のファンだというかたから、自分が尊敬している医師を誹謗中傷するのはけしからんと批判を受けた。

私は決して徳永氏の日本語の使い方がおかしいと言いたかったわけではない。「布団をひく」という言い方が口頭語としてではなく、文章でもそう書く人がいるという実態を紹介したくて、引用したのである。だが、徳永氏のファンにはそのようには思ってもらえなかったようで、人のことば遣いを取り上げることの難しさを痛感した。

「布団をしく」の「しく」は「敷く」で、物を平らに延べ広げるという意味である。布団に限らず、平らに広げる場合はこの語を使う。だが、「ひく（引く）」には、この意味はない。

「布団をしく」ではなく「布団をひく」と言ってしまうのは、「ひ」と「し」の発音が交替するという現象による。「ひ」と「し」が交替してしまうのは大阪弁にも東京弁にも見られる。東京の下町で育った私の母親は、「火鉢」をシバチ、「飛行機」をシコウキと言っていた。

子どもの頃そんな母親をからかおうと思って、「朝日新聞社主催潮干狩り大会」を声に出して言ってみてとやって、ひどく叱られたことがあった。ちなみに母親は、「朝日新聞社」はアサシシンブンシャ、「潮干狩り」はシヨシガリになってしまう。

シクがヒクになってしまうのは、シクを方言的だと考え、ヒクの方が標準語だと誤解して使っている可能性も考えられる。あるいは、物を平らに延べ広げる動作をその物を自分の方に引き寄せる行為だと考えて、ヒクと言っている可能性もあるかもしれない。

「布団をひく」は本来の言い方ではないのだが、そう言う人は多い。私の周りにも、明らかにそのように発音している人はけっこういる。私もついつられてそう言いそうになるが、残念なことに一般向けの国語辞典では、「ひく」の項目に平らに広げるという意味を載せるのはちょっと難しそうである。

政治家の発言に見る「すべからく」問題

政治家のことばを用例の材料に使うこともある。国会の会議録がインターネットで公開されていて、それが簡単に検索できるからだ。大勢の人が発言する会議録は、ことばの多様な使い方の宝庫だと言える。ことばの今がよくわかるのである。

もちろん国会会議録を取り上げるのも、特定の政治家を貶めようなどという意図があってのことではない。たとえいわゆる誤用と言われている使い方を見つけたとしても、その政治家の語彙力を云々しようなどという気もない。政治家のことばを取り上げるのは、有名税だと思っていただきたいのである。

たとえば、「すべからく」という語がある。高校時代に漢文で習ったかたも大勢いらっしゃるだろう。

漢字で書くと「須」で、「すべからく〜べし」と、訓読の際に通常下に推量の助動詞「べし」を伴って用いる。このように漢文訓読の際に一字で二度読む漢字を「再読文字」と呼ぶ。「当」を「まさに〜べし」、「将」を「まさに〜（んと）す」と読むのも同じである。「須」の場合は、あることをぜひともしなければならないという気持ちを表し、当然なすべきこととしてとか、本来ならば、というような意味で、「学生はすべからく勉強すべし」などと使う。

ところが最近、この「すべからく」の「すべ」を「すべて」の「すべ」だと思ってしまったのであろう、本来の意味ではない「すべて、皆」の意味で使う人が増えている。

そういえば安倍晋三元総理も、以前「すべての責任はすべからく私にある」と言って、この「すべからく」の使い方はおかしいと話題になったことがあった。

そこで、この「すべからく」がどのように使われているのか「国会会議録検索システム」で調べてみると、平成二十八年（二〇一六年）十二月八日の参議院の内閣委員会でこんな発言が見つかった。発言者はこの検索システムを見ればわかるのだが、個人名はここでは必要のないことなので省略する。

［○○君］〈前略〉パチンコ屋さんがあって、その周りにそのパチンコの玉と交換した景品を買い取る店がすべからくどこにでもあるというのは何でですかと聞いているんですが、これは偶然ですか。
［政府参考人］　お答えいたします。場所的にその近くにすべからくあるということについては認識をしておりませんが、実際に、客がパチンコ屋の営業者からその営業に関し賞品の提供を受けた後に、パチンコ屋の営業以外の第三者に当該賞品を売却することも事実としてあることは承知しております。

参議院内閣委員会でのカジノ解禁法に関する審議の議事録だが、発言者の二人は明らかに「すべからく」を「すべて、皆」という本来なかった意味で使っている。政府参考人の方も前の発言者のことばをおうむ返しに答えているわけではなさそうで、「すべからく」はその意味だと思っているのだろう。

さらにはこんな使用例もある。同じ平成二十八年（二〇一六年）十月四日の衆議院予算委員会での国務大臣の発言だ。

［国務大臣］　誤解を招くといけません。すべからくは、価格というのは品質と需給で決まる、私の価格メカニズムはここで完結しておるわけであります。

「すべからく」の品詞は副詞である。ところが、ここでは「すべからくは」として「すべからく」を名詞として使っている。これが発言者独自の使い方なのか、名詞としての用法も広まっているのかはわからない。だが、「すべからく」が「すべて」と同じ意味だと思い込んでいるのなら、「すべて」には名詞としての用法があるので、「すべからく」も同じように名詞として使ってしまうという可能性も考えられる。この「すべからく」の名詞化問題も今後要観察の課題である。

なお、この「すべからく」に関しては、文化庁が二〇一〇年に使用状況の調査を行っている（「国語に関する世論調査」）。それによると、本来の意味である「当然、ぜひとも」で使う人が四一・二パーセント、本来の意味ではない「すべて、皆」で使う人が三八・五パーセントという拮抗《きっこう》した結果が出ている。この調査から十年以上たっているので、新しい意味はさらに広まっているかもしれない。

文学作品から〝誤用〟の最古の例を探る

これもその作家のファンからすると趣味が悪いと言われそうだが、文学作品からいわゆる誤用とされることばの使用例を探すことがある。もちろんこれもその作家の評価を貶めるために行っているわけではない。文学作品は文字で残された資料なので、ことばの使用実態を調べるうえで確かな証拠となるからである。

たとえば「采配《さいはい》を振る」という言い方がある。「采配」とは、武家の時代に大将が手にした、柄の先に細長く裂いた白紙などを複数束ねて房状に取り付けるなどした持ち物のことである。これを振り動かして指揮をしたところから、「采配を振る」という言い方が生まれ、陣頭に立って指図をする、指揮をするという意味になった。

ところが、この言い方が最近「采配を振るう」に変わりつつあり、むしろこちらの方が優勢となっていることが、文化庁の調査などでわかっている。

となると、辞書編集者としては、いったいいつ頃からこの「采配を振るう」という言い方が出てきたのか知りたくなる。

現在私が確認している最も古い例は、明治から大正にかけてのジャーナリスト渋川《しぶかわ》玄耳《げんじ》の評論集『閑耳目《かんじもく》』（一九〇八年）の以下のような例である。

「而《しか》して其指嗾者《そのしそうしゃ》は其校《そのこう》以外、高処隠処《こうしょいんしょ》に在りて采配を揮ふと伝へらる」

国立国会図書館のデジタルコレクションになっている春陽堂版では、「揮ふ」には「揮《ふる》ふ」とルビが付けられているので、間違いなく「ふる」ではなく「ふるう」の例である。「指嗾者」はけしかけたりそそのかしたりする者、「其校」とはここでは東京高等師範学校（現在の筑波大学の前身）のこと、「高処」は高いところ、「隠処」は隠れるところという意味だ。

他にも、島木健作《しまきけんさく》の小説『鰊漁場《にしんぎょじょう》』（一九三四年）の次のような例もある。

「かういふ時に一切の采配をふるふ船頭の口は堅くとざされたままである」

こちらも「ふるふ（ふるう）」は仮名書きなので確実な例である。

これらの例から「采配をふるう」は最近生まれた言い方ではなく、かなり以前から使われていたことがわかるのである。「采配を振る」が本来の言い方ではあるが、「采配を振るう」も決して誤用ではないと思われる。

「日本語コロケーション」は絶対に守るべきか

コロケーション（collocation）ということばをご存じだろうか。文や句の中で、二つ以上の単語がある程度固定化して使われる関係を言語学でそう呼んでいる。たとえば、「布団をしく」とか「采配を振る」も、「布団」は「しく」と、「采配」は「振る」と結びついて使われることが多く、これがコロケーションである。

日本語にはコロケーションが多数存在するのだが、日本人だったらそれを知っていて当然だという考え方が主流だったためか、国語辞典でそれを重視することは、今までほとんどなかった。だが、近年国語辞典でもこのコロケーションが注目されるようになってきている。おそらく外国人向けの日本語教育の影響なのであろう。

コロケーションは、日本人でも据わりがいいと感じる結びつきに悩むものがけっこうある。そのために本来の言い方とは似ているのだが、どこか違う言い回しが生まれてしまう気がする。

定年後のことだが、このように微妙に揺れるコロケーションを取り上げて、それらをどのように考えたらいいのか具体例を示しながら私なりの考えをまとめたことがある（『微妙におかしな日本語』草思社　二〇一八年）。この本の中で、「〝コロケーション破り〟の作家たち」というコラムを書いて、コロケーションの誤用だとされている言い回しを自由に使っている二人の作家、中里介山《なかざとかいざん》、宮本百合子《みやもとゆりこ》を紹介している。詳しくはそのコラムをお読みいただきたいのだが、たとえば中里介山の〝コロケーション破り〟の使用例には、「火を見るより（も）明らか」に対する「火を見るように明らか」、「予防線を張る」に対する「予防線を引く」、「知遇を得る」に対する「知己を得る」、「弓を引く」に対する「矢を引く」などがある。宮本百合子の場合は、「疑問を呈する」に対する「疑問を示す」、「口火を切る」に対する「口火を付ける」、「耳を覆う」「耳をふさぐ」に対する「耳をそむける」、「念頭に置く」に対する「念頭に入れる」などである。いずれも後者は誤用とされることが多い言い方である。

二人が意図的にそのような使い方をしたのか、単に思い違いをしていただけなのか、その理由はまったくわからないながらも、ことば遣いとは本来どういうものかということを考えさせる格好の材料になるような気がしている。

「〜でひもとく…」「敷居が低い」……〝誤用例〟から日本語の変化を考える

本のタイトルは著者自身が考えたり、編集者の発案だったりと、時と場合によってさまざまである。私自身も基本的には辞書編集者ではあったが、辞書以外の単行本の編集を担当したことがある。そのようなときは、書名に関してかなり頭を悩ませた。

私の著書『悩ましい国語辞典』（時事通信社）の書名は担当だった編集のSさんが考えたものである。最初は「悩ましい」ということばは問題のある語なので、少し抵抗があった。というのも、現代語としては「悩ましい下着姿」などのように官能が刺激されて心が乱れる思いであるという意味で使われることが多く、最近まではその意味しか載せていない国語辞典がほとんどだったからである。ところが、近年になって、「お昼はカレーにするかラーメンにするか悩ましい問題だ」のように、どうしたらいいのか悩んでいる状態であるという意味の用法が広まりつつある。そして、この悩んでいる状態だという意味を誤用だと考えている人もいる。だが調べてみると、この悩んでいるという意味の方が古い用例があることがわかる。そのためこちらが原義で、官能の方が新しい意味だと考えられそうなのである。そのようなこともあって、今にして思えば大変面白いタイトルだったと、とても気に入っている。

本はタイトルがすべてだとは言わないが、職業柄他社から刊行された本の書名はけっこう気になる。ただし、私の場合はこれは売れそうだとか、うまいタイトルだとかいうような観点からではなく、ついそこに使われていることばに注目してしまう。やはり私は書籍編集者ではなく、根っからの辞書編集者だったのかもしれない。

たとえば「ひもとく」ということばを書名に使っている書籍を見かける。『通りをひもとくと京都がわかる』『力学でひもとく格闘技』などのように。

この場合の「ひもとく」は、おそらく「調べる」「解明する」といった意味で使っているのであろう。だが、本来「ひもとく」は「繙く・紐解く」と書き、本を読むことをいうのである。なぜそのような意味になるのかと言うと、日本の書籍（和装本）は、本の損傷を防ぐために帙《ちつ》と呼ばれる覆いで包むのだが、中身の本を読むときはそれにかけた紐を解かなければならないから「紐解く」なのである。

ところが、本を読んだり、古い史料を読んだりするわけではないにもかかわらず、最近では単に調べる、解明するという意味で「ひもとく」が使われることがある。ただ、このような「ひもとく」は従来なかった意味で、この新しい意味の「ひもとく」

がどの程度浸透しているのかはよくわからない。だとすると、書名として読者に理解してもらえるのだろうかと、余計なことかもしれないが心配になってくる。もっとも、そんな心配はいらないほど、新しい意味は広まっているのかもしれない。

なお、「歴史をひもとく」という言い方もされ、これを誤用だと考えている人もいる。だが、歴史とは過去の事柄を記録したものという意味もあり、「歴史をひもとく」はその記録されたものを読むということだから、決して誤用とは言えない。

『世界一敷居が低い最新医学教室』という書名の本を見かけたこともある。これはけっこう込み入った問題語を使ったタイトルと言える。「敷居が低い」で易しい、わかりやすい、親しみやすいということを表現しようとしているのだろうが、「敷居が低い」という言い方は従来なかった言い方である。これと反対の「敷居が高い」というこ とばがあるが、それは決してハードルが高いといった意味ではなく、「相手に不義理をしたり、また、面目のないことがあったりするために、その人の家に行きにくくなる。また、その人に会いにくくなる状態をいう語」（『日国』）なのである。つまり、「敷居が低い」という言い方は、「敷居が高い」を程度や難度が高いという従来なかった意味でとらえて、その逆の意味として作られたことばということになる。

最近の国語辞典では、『三省堂国語辞典』のように「敷居が高い」の新しい意味を認めるものも出始めている。さらにこの辞書では「敷居が低い」も認めている。

私がかつて勤めていた出版社でも、書籍の企画会議で、辞書編集部の人間ではないが、高級料亭を紹介した本の内容について、「敷居の高い店」と説明している編集者がいた。それを聞いていて、編集にかかわる人間が普通に使うということは、高級すぎたり、上品すぎたりして、入りにくいという意味はかなり広まっているのかもしれないと納得したのだった。もっとも大事な企画会議の最中にそんなことを考えている編集者の方こそ、あまり褒められたことではないかもしれないが。

以上のような語は、従来は〝誤用〟とされていたものだが、その使用例が文章に書かれたものだけでなく、本のタイトルや具体例は示さなかったものの流行歌の歌詞などにも及んでいることがわかると、新しい意味がかなり広まっていると判断せざるを得なくなる。日本語の行く末を知るために、あえて〝誤用〟例を集めていると理解していただきたいのである。

「由緒ある神社だ<ruby>そう</ruby>」の「そう」を国語辞書はどう扱うべきか

〝誤用〟とされる用法を、辞書としてどう扱うかという問題である。結論から先に言うと、私はその言い方がある程度広まっていると確信が持てれば、本来的でない意味・用法であっても、積極的に載せるべきだと考えている。こうしたことはごく当たり前のことばの変化だと考えられるので、国語辞典としてもそれを記述するのは当然のことと考えるからである。国語辞典の役割、使命を考えると、ことばの諸相を写し取ることは大事だと思う。

ただ、それらを辞書に載せる際には、それなりの配慮が必要であろう。というのも、辞書ユーザーの中には、辞書は規範的でなければならないと思っている人も多いからである。ただその一方では、新しい意味や用法に敏感な辞書を望んでいるユーザーがいることも確かである。辞書を引いてもそのような新しい意味や用法が載っていないと、即座に使えない辞書だというレッテル貼りをされる可能性も否定できない。

現行の辞書の中には、新しい意味・用法について積極的に取り上げている辞書もけっこうある。ただ一部には、それが新しい意味や用法であることを特に説明もせずに、新たなブランチ（語義区分）を設けたり、その用法の例文を載せたりしているだけのものも見受けられる。やはりそれでは不十分なのではないだろうか。

たとえば最近、「由緒ある神社だそう」の「そう」という言い方を、テレビのナレーションなどでよく耳にする。この「そう」は、伝聞の助動詞「そうだ」の省略形と考えられていて、「～（だ）そうね」「～（だ）そうよ」の形でも使われる。

ただ、「そうだ」ではなく、単独で「そう」と使われることに関しては、国語辞典ではまだほとんど触れていない。ところが、ナレーションなどの口頭語として使われていた「そう」が次第に広がりを見せて、書きことばでも使われるようになっている。

文法的な説明をすると、助動詞「そうだ」には、…ということだ、…という話だ、という伝聞の意味で、「お元気だそうで安心した」「今日の会議は延期するそうだ」などと使う用法と、もう一つ、…という様子だ、今にも…するような様子だ、といった様態の意味を表す使い方がある。「雨がやみそうだ」「あの人はいかにも健康そうだ」「本番は明日なのになんだか自信がなさそうだ」などがそれである。この様態の「そうだ」は、「だ」をとって「そう」の形で使われることもある。これら三つの例文も、「だ」を省略して言ってもそれほど違和感はなさそう、ということである。

ところが、「由緒ある神社だそう」の「そう」は伝聞の「そうだ」が「そう」になったもので、おそらく様態の助動詞の用法に引かれてのことであろう。さらには、文末が「〜そうだ」となると表現が強くなるように感じて、それを和らげる意味で「そう」としている可能性も考えられる。

国語辞典では、この伝聞の「そう」を立項しているものも出始めていて、『デジタル大辞泉』と『三省堂国語辞典』などには見出し語がある。前者は「今日の試合は中止だそう」、後者は「新作のロールケーキも人気だそう」という例文を載せている。だが、残念なことにそれが新しい用法であることについての説明が何もない。これはとてももったいないことだと思う。せっかくここまで踏み込んでいるのだから、ぜひもう一言付け加えてほしかったという気がする。たとえ分量的な制約があったとしても。

辞書を改訂すると、どうしてもどのような新語を収録したのか話題になることが多い。もちろんそれも大事なセールスポイントだとは思うのだが、新しい意味用法を詳しく解説した辞書がもっとあってもいいのではないかと思うのである。

第八章　読者との交流が辞書を育てる

「子どもが国語テストで×をつけられたが、本当に×か？」

辞書編集部には毎日のように、内容に関する指摘や質問の電話、手紙、あるいはメールなどが読者から寄せられる。このような問い合わせにはできるだけ答えるようにしている。だが、中にはことばに関する相談所と勘違いしているのか、この漢字が読めないので読みを教えてくれとか、意味がわからないので調べてほしいといった、いささか困った内容のものまである。基本的には「そういったサービスはしていません」と言って断るようにしている。ただ、知っていることだとつい答えてしまい、あとで大変な目にあうこともある。

「先日電話に出た人は親切に答えてくれたのに、なんであなたは答えてくれないのだ」

と逆切れされてしまったこともある。編集部内では、一件いくらでお金を取ろうかなどと、もちろん冗談ではあるがそんな話をしたこともあった。

テレビ局からの問い合わせも多く、局にもよるのだが、あまりのずうずうしさに驚かされることがある。たとえば、

「お宅の辞書にはこのように書いてあると聞いたのですが本当でしょうか」

といったような。下調べすらせずに電話で聞いてくるというわけだ。そういう電話はほとんどが番組の制作会社か若いＡＤからなのだが、そのような質問をしてくるの

は番組が違ってもほとんど同じ局なので、社内教育がしっかりしているところとそうではないところがあるのかもしれない。

読者からの問い合わせもさまざまだ。小学校に通うお子さんがいる保護者のかたから、子どもがテストで×をつけられたのだが、本当にそうなのかという質問はかなりある。それは漢字の読みの問題だったり、漢字の止めはねの問題だったりと、さまざまだ。一度子どもが辞書の見出し語の配列の問題で×になったのだが、どうしても納得できないという電話を受けたときには本当に困った。小学校では三年生のときに国語辞典について学習することが多く、ほとんどの三年生の国語の教科書には、国語辞典の見出し語の配列についての説明がある。

たとえばそれは、私が編集を担当した小学生向けの『例解学習国語辞典』の凡例とまったく同じ内容なのだが、清音、濁音、半濁音の順序は、「ホール→ボール→ポール」と書かれている。つまり清音「ホ」→濁音「ボ」→半濁音「ポ」の順だということである。通常の国語辞典の語順はその通りになっているが、別に日本語の配列にこのようなルールがあるわけではない。清音、濁音、半濁音の順はあくまでも国語辞典にことばを載せるための、便宜的な順序なのである。だから、大半の国語辞典ではこのような並びになっていることさえわかっていればいいのだが、学校教育では「だいたい」などということは許されないのかもしれない。

電話をしてきた保護者も、ご自分の経験から、辞書は配列についての細かな約束事を知らなくても引くことはできるので、そのようなことは教える必要も覚える必要もないのではないかと、それはもう大変な剣幕だった。配列の基準自体はそれがないと語順がめちゃくちゃになってしまうのでなくてはならないものだが、日本語としての決まりではないので、すべての辞書が同じではない。そのかたにはそう説明したところ、理屈は理解していただけたようだが、子どもがテストで×をもらったことがどうしても許せなかったらしく、最後まで納得できない様子だった。

辞書編集者としては、せっかく授業時間を使って辞書について学ばせるのであれば、辞書は読めば読むほど面白いということを、もっと子どもに教えてほしいと思う。些《さ》末《まつ》なことで点数を競わせて、辞書嫌いにさせないでほしいのである。

「旅客機」は何と読む？　国語辞書の弱点を衝く問い合わせ

テレビのバラエティー番組の中のクイズの答えに納得がいかないので、そのテレビ局に一緒に文句を言いに行こうという電話を受けたこともある。

その番組は大阪の放送局のもので、クイズとは「旅客機」を何と読むかという問題だったらしい。正解は「リョカクキ」で、「リョカッキ」と答えた人は×にされたというのである。電話の主は、編集部に電話をする前に、「リョカッキ」も正しいのではないかと、その番組の放送局にも電話をしたのだという。ところが電話に出た放送局の人は、ご意見として承っておきますと通り一遍の返事だったため納得できず、たまたまいつも使っている辞書が小学館のものだったものだから、編集部に電話をしてきたらしい。

その人の言う通り、クイズの問題そのものがおかしい。「客（カク）」のように読みが二拍の漢字であとの方の音が「ク」となるものは、さらにそのあとにKの音で始まる語が続くと促音化、すなわち、小さい「ッ」で表記される発音になることがある。つまり、ryokakuki は ku のあとに ki があるので、ku は促音になるわけである。実際、同じ放送の世界でもNHKは「リョカクキ」とともに「リョカッキ」も認めている（『NHK日本語発音アクセント辞典』）。

ただ、こうした読みに関することは、通常の国語辞典ではほとんど説明されていない。この「旅客機」の発音に関しては文化庁が刊行した『言葉に関する問答集　総集編』（全国官報販売協同組合　二〇一五年）に詳しく解説されているのだが、ことばに興味のある人以外はなかなか見ることのない書籍であろう。

一緒に放送局に文句を言いに行くことは丁重にお断りしたが、思いがけず国語辞典の足りない部分を気づかされることになった。

ない発見をしたこともある。

味噌会社元社長の来訪と、「道三湯」という飲み物の秘密

長野県小諸《こもろ》市にある味噌の醸造会社のかたからいただいた手紙によって、思いがけない発見をしたこともある。

そのかたは全国的に有名な味噌会社の元社長さんで、そのときはすでに一線を退かれて相談役をされているということだった。お手紙をくださったあと、直接話を聞きたいと会社までいらっしゃった。お会いしてお話をうかがってみると、味噌がいかに体にいいかという研究をされているのだという。味噌は塩分が多く高血圧等の生活習慣病の原因だと言われることに不満をお持ちで、味噌の効用を古い文献から調べているとのことだった。そんな折に『日本方言大辞典』（小学館）で「道三湯《どうさんゆ》」という項目を見つけ、その項目の根拠となった方言資料集について教えてほしいと来社されたのである。

「道三湯」とは同辞典によれば白湯に味噌汁を混ぜたもので、新潟県中頸城《なかくびき》郡（現在の上越市・妙高《みょうこう》市、柏崎市域）、長野県下水内《しもみのち》郡（現在の飯山《いいやま》市域や栄《さかえ》村など）などで言われていたことがわかる。その記述の根拠になった方言資料集とカードが編集部に保管されていたので、お目にかかった際にとりあえずそれをお見せした。

話がすむと、そのかたはこれから夜行バスで京都まで調査に行くのだとおっしゃる。失礼だとは思ったが、お年を聞いて驚いた。八十二歳だというのである。味噌の効用

は、すでにご自身で体現されていたのである。

その後私自身もいつもの知りたがりの癖が出て、「道三湯」とはどういうものかさらに調べてみた。すると思いがけず以下のような文章を見つけた。それは、『亨和雑記《きょうわざっき》』という、筆者は不明だが、序文に亨和三年（一八〇三年）と書かれた江戸時代の随筆集で、以下のような内容である。

「飯後《はんご》に湯を飲する時、味噌汁をまぜて飲《のむ》を、世人号《なづけ》て道三湯と云《いう》。道三は太閤秀吉の頃の名医にて、其《その》病根を考て薬を施《ほどこす》に功験《こうげん》あらずと云事《いうこと》なし。飯後の湯一汁加《くわう》れば人の薬となる事、道三が薬を用《もちう》るが如しと云ふ心にて、是《これ》を道三湯と云とぞ」（巻二・一七「道三湯のこと」）

意味は、「食後湯を飲むときにそれに味噌汁を混ぜて飲むことを世間の人は道三湯と言っている。道三は豊臣秀吉の時代の名医で、病気の原因を考えて薬をあつらえるのだが、効き目がないということはなかった。食後に飲む湯に味噌汁を混ぜればそれが薬となって、道三が自ら薬を調合するようなものだという意味で、道三湯と名付けたそうである」ということである。引用文にもあるように、道三とは医師の名前である。曲直瀬道三《まなせどうさん》といい、秀吉の他にも、ときの正親町《おおぎまち》天皇、将軍足利義輝《あしかがよしてる》などにも用いられ、日本医学中興の祖と言われる。道三といっても有名な同時代の戦国大名斎藤《さいとう》道三《どうさん》のことではない。

この曲直瀬道三は当時としてはとても長寿で、八十七歳まで生きた。ただ残念ながら「道三湯」のおかげではなさそうである。というのも「道三湯」は『享和雑記』にもあるように、道三が創製したものではなく、道三にちなんで名付けられたもののようだから。

せっかくなのでその元社長さんには『享和雑記』のことも報告した。すると、お礼だといってその会社のお味噌の詰め合わせをいただいてしまった。お返ししても失礼だと思い頂戴したのだが、香り高いとてもおいしいお味噌だった。

この話には後日談がある。それからしばらくして、長野の小諸まで遊びに行くことがあった。小諸城址《じょうし》の懐古園にも、中学生のときに家族と行って以来だから、本当に久しぶりに立ち寄った。園内を散策していたら、小諸出身の画家小山敬三《こやまけいぞう》画伯の作品を展示している小山敬三美術館があると聞き、画伯のことは知らなかったが、美術館の建物も素晴らしいと言われて見に行った。

館内に入りまず小山画伯のことを知ろうと略歴を見て、おやと思った。江戸時代から続く市内の味噌会社を営む家の出身だと書かれていたからである。小山という姓が、以前会社に訪ねていらした味噌会社の元社長さんと同じだということにも気づいた。

詳しい経歴を見ると、画伯は一八九七年に小山久左衛門の三男として小諸に生まれている。小山久左衛門は一六七四年（延宝二年）創業である現在の信州味噌株式会社の当主が代々名乗ってきた名だそうだ。画伯は上田中学卒業後、慶應大学予科に入学し、さらに画家への道を志しフランスで油絵を学んだらしい。一九六〇年日本芸術院会員、一九七〇年文化功労者となり、一九八七年に逝去している。この小山敬三美術館は、画伯本人から建物と絵画が寄贈されて作られたのだそうだ。四季折々の浅間山《あさまやま》を描いた作品が印象的である。美術館も千曲川《ちくまがわ》を望む高台に建ち、素晴らしい眺望も楽しめた。

美術館のスタッフに、恐る恐る画伯と元社長さんの関係を尋ねてみた。すると、私のところに訪ねていらしたのは、小山画伯の甥に当たるかただと判明した。しかもそのスタッフは、そのかたでしたら、つい今し方まで美術館にいらっしゃいましたよ、と言うのである。

結局再びお目にかかることはなかったが、奇縁に驚いた。

嵐は「夜《よる》」に吹くか、「夜半《やわ》」に吹くか？――親鸞歌をめぐる『日国』の記述

読者からの問い合わせで、思いがけない発見をすることもある。浄土真宗の開祖、親鸞《しんらん》の有名な和歌がそうだった。

親鸞が慈円《じえん》(のちの天台座主《ざす》)の寺坊《じぼう》で出家した折に詠んだとされる有名な歌がある。

「明日ありと　思ふ心のあだ桜　夜半《よわ》に嵐の　吹《ふか》ぬものかは」

出典は『親鸞聖人絵詞伝《しょうにんえことばでん》』とされていて、この本の成立自体は江戸時代後期の寛政十二年(一八〇〇年)と比較的新しい。親鸞の生きた時代は鎌倉時代であるが、この歌に関しては前記の『親鸞聖人絵詞伝』以前の資料は見つかっていない。『日国』では「あすありとおもう」と「あだざくら」の二つの項目で、『親鸞聖人絵詞伝』からとしてこの歌を引用している。

ところがこの歌について、読者から自分が記憶している歌と『日国』で引用しているものとは少し違う部分があるのだが、という指摘を受けた。『日国』では以下のようになっている。

「あすありと　思ふ心のあだ桜　夜《よる》は嵐の　吹《ふか》ぬものかは」

つまり、「夜半《よわ》に」のところが、『日国』で引用しているものは「夜は《よる》」になっていたのである。

『日国』では、用例文はすべて底本に当たったうえで採録しているものの、確認ミスの可能性も否定できない。そこで、『親鸞聖人絵詞伝』の底本とした板本《はんぽん》を改めて確認してみた。板本とは、版木を彫って、それで印刷した書物のことである。すると、間違いなく「夜は嵐の吹ぬものかは」となっている。念のために同書の活字本である、『大日本風教叢書　第三輯』（一九一八年）も確認してみた。すると、そちらも「夜は嵐の」となっている。つまり、出典とされているものは「夜」なのに、なぜか読者が記憶しているものは「夜半」で、実は私も「夜半」だとばかり思っていた。

「夜半」は「夜中」の意味なので、「夜半」でも「夜」でも意味的にはあまり違いがなさそうだが、和歌では一文字異なると違いは大きいのではないか。

さらに驚いたことには、手元の国語辞典やことわざ辞典はすべて「夜半に」になっていて、「夜は」としているものは皆無なのである。

なぜこのような違いが生じてしまったのか。

私はその謎を解く鍵は歌舞伎『蔦紅葉宇都谷峠《つたもみじうつのやとうげ》』（一八五六年初演）にあるのではないかとにらんでいる。『蔦紅葉宇都谷峠』と聞いてピンと来ないかたも、通称『文弥《ぶんや》殺し』と言えばおわかりいただけるのではないだろうか。『文弥殺し』は、

「座頭文弥は、幼時、姉お菊のあやまちで盲となったが、姉が吉原へ身を売って調えた百両の金で、市名《いちな》を取りに京都へ向かう途中、主家のための金の調達に苦しんでいた伊丹屋重兵衛に、宇都谷峠で殺される。その怨念が重兵衛の妻にとりつき、重兵衛を苦しめる」（『日国』）

という粗筋である。

「市名」は琵琶法師《びわほうし》（琵琶を弾く盲目・僧体の人）がつけた、「五市《ごいち》」「岡市《おかいち》」などのような「何市」という名のことである。

『蔦紅葉宇都谷峠』には、

「明日ありと思ふ心の仇桜、夜半《よわ》の暴風《あらし》もこの身にあたる私へ、お経文をお授け下さるとは有難い結縁《けちえん》と存じまする」

とある。この例は『日国』でも、同じ「あすありとおもう」の項目で『親鸞聖人絵詞伝』と一緒に引用されている。

私の推理はこうである。たびたび上演され人口に膾炙《かいしゃ》した歌舞伎の台詞が、元来「夜」だった親鸞の歌を「夜半」に替えてしまったのではないかと。もちろんあくまでも推測の域を出ないのだが。

『日国』がわざわざこれら二つの例を引用したのは、この用例を入れた人間が、この「夜」と「夜半」の違いに気づいたからかもしれない。私ではないのだが。

「版画」のみ正しく「板画」はNG？　教育委員会からの問い合わせ

一九八五年に刊行した『現代国語例解辞典』では「はんが」の漢字表記として普通に使われる「版画」の他に「板画」も入れた。ところが、そのことに関して刊行後かなりたってから、茨城県の教育委員会のかたから問い合わせがあった。美術の試験問題で「板画」と書いていいのかどうか、意見が割れているのだと言う。辞書を見ると「板画」の表記を載せているのは他に『新明解国語辞典（新明解）』があるだけで、『新明解』の方が刊行が古いので、

「ぶっちゃけた言い方をすると、おたくの辞書は先行の辞書をまねしただけなのではないか」

と言うのである。

話は脱線するが、このかたが「ぶっちゃける」と言ったのをなんで記憶しているのかというと、私としてはこのときが、このことばを聞いた最初だったからである。『日国』第二版にも「ぶっちゃける」は立項されているが、その用例は一九八一年の

中島《なかじま》梓《あずさ》の『にんげん動物園』である。キムタクこと木村拓哉さんが主演したテレビドラマで「ぶっちゃけ」を盛んに使い流行語のようになったのは、この教育委員会のかたが使った六年後のことである。

　それはさておき、『現代国語例解辞典』の漢字表記欄は、監修の林《はやし》巨樹《おおき》先生が必要だとお考えになったものは他辞書になくても極力示すようにしたので、先生に「板画」の表記を載せた理由をうかがってみた。すると即座に「棟方志《むなかたし》功《こう》が使っているからだ」と教えてくださった。確かに志功は「版画」ではなく「板画」と書いている。青森市にある棟方志功記念館が発行している小学生向けのパンフレットを見ると、「棟方志功さんは板画家です。自分の版画を『板画』といい、板の命を大切にするという想いから『板』という字を使いました」と大変わかりやすく解説している。志功は、一九五二年に「日本板画院」を創設している。

　早速教育委員会のかたにには、先行辞書をまねたのではなく、棟方志功の用字だからだと報告した。だが、それに対する返事は

「その人はそう使ったのかもしれないが、近代以降の用例が欲しい。自分は明治文学を少しかじっているのだが、『板画』の用例は見つからなかった」

　というものだった。

　そのときはそれでやり取りは終わってしまったが、今だったら志功以外の「板画」

の例を示すことができる。たとえば永井荷風は大正時代の初め頃から江戸芸術に関する論をたびたび発表しており、その中で木版画だった浮世絵のことを「板画」と書いている。また、正岡子規の日記『仰臥漫録《ぎょうがまんろく》』（一九〇一～〇二年）にも、「昼前陸氏《くが》来る天津肋骨《ろっこつ》よりの土産 払子《ほっす》一本、俗画二枚、板画けしき一枚」という使用例がある。「陸氏」は新聞記者で評論家でもあった陸羯南《かつなん》、「天津」は中国の地名、「肋骨」は陸軍少将で俳人でもあった佐藤肋骨、「払子」は獣毛や麻などを束ねそれに柄をつけた仏具のことである。「板画」は「けしき」すなわち風景を描いたもののようだが、木版画という意味であろう。

読者からの指摘は、辞書にかかわる者に時として思いがけない発見をさせてくれる。

〝インテリ・ルンペン〟、辞書編集部を訪ねる

「ルンペン」とはドイツ語で Lumpen、ぼろ・古着の意味である。ぼろを着て町をうろつくことから浮浪者の意味で使われる。今でいう「ホームレス」である。かつて編集部が飯田橋《いいだばし》にあったとき、それらしき人の訪問を受けたことがある。その人は駅前でよく見かける犬を連れた老人だった。私がまだ『現代国語例解辞典』の初版を担当していた、二十代のときのことである。初夏の頃のある日、話したいことがあるとふらりとやってきた。そのときは言語研究所主幹の倉島長正さんと編集長の並木孝さ

んが応対した。

あとで知ったのだが、その人は高月金次郎さんというお名前だったらしい。飯田橋駅前に当時あったロッテリアで、英和辞典を引きながら原書を読んでいるのを見かけたという編集部員もいた。かつては画家だったらしいというのは、直接会った編集長の話である。その高月さんは声が大きく、自分の席にいた私の耳にも、「御璽《ぎょじ》」と「国璽《こくじ》」という声が聞こえてきた。

「御璽」は天皇の公印で、印材や書体は変わったが古くから用いられてきた。現在でも詔書《しょうしょ》、認証官の官記（任官した者に下付される任官証書）、親授・勅授《ちょくじゅ》の位記（位階を授与する際の辞令）に用いている。

一方の「国璽」は日本の国家の印章で、一八六八年（明治元年）に王政復古を諸外国に告げる文書に「大日本国璽」の印が用いられたのが最初である。最初は石材だったが、のちに金印に改められ現在に至っている。旧帝国憲法のもとでは、外交文書・国書・勲記などに用いられたが、現在では、叙勲者に勲章とともに与えられる証書に用いられている。

高月さんはその「御璽」と「国璽」は違うものだが、混同しているものがあると言っていたのである。詳しくは知らないのだが、確かに「当初は国璽を用いるべき文書に御璽を用いた例も存する」（『国史大辞典』）という説明が見られる。

他にも洋画家で書家でもあった中村不折《なかむらふせつ》の本名は、「鈼太郎《さくたろう》」が正しいのだが、「鉄太郎」としているものがあるなどと言っているのも聞こえきてた。思わず「インテリ・ルンペン」ということばが思い浮かんだ。

高月さんは一週間後に再び現れた。そのときも応対したのは私ではないが、「ひりょうず」「式台《しきだい》」は辞書に載せているのかという声が聞こえた。「ひりょうず」は「ひりゅうず」「ひろうず」などとも言うが、「飛龍頭」と書き関西でがんもどきのことをいうことばである。「式台」は、玄関先に一段低く設けた板敷きの部分のことだが、のちには武家屋敷で、表座敷に接続し家来の控える部屋をいうようにもなった。すでに辞書にあることばだが、どちらも確かに残したいことばである。さらに旧制高校の入試問題から語彙を調べて、それを辞書に載せたらどうかという要望まであった。それらは日本人として知っておきたい語彙なのではないかと言うのである。思いがけずことばの勉強になった。

帰りがけに、編集長がいつも連れている犬はどうしたのかと聞くと、保健所に連れて行かれたのだと寂しそうな様子だった。高月さんはその後再び編集部に現れることはなかった。

「ともかく」と「とにかく」はどう違う?…公衆電話から質問攻め

類語の意味の違いが気になったらどうしようもなくなった、という様子の読者もいた。最初「一応」と「とにかく」の意味の違いを教えてほしいという電話があり、その意味の違いを説明するのはけっこう難しいこともあって、「一応」はじゅうぶんではないがひととおりという意味で、「とにかく」は何はともあれといった意味であると、辞書に書かれているようなことを言ってお茶を濁そうとした。ところがそれだけでは納得してもらえず、それから三日に上げず午後のだいたい決まった時間に電話をかけてくるようになった。

一九九〇年後半のことで、当時はメールなどなく公衆電話からかけているらしく、しかも長距離のようで、小銭がなくなったのであろう、途中で通話が切れることもあった。聞けば奈良からだと言うのである。電話口で私が返事に困っているのを編集部内の他の人間も聞いていたのだが、助け舟を出してくれるどころか、その人からの電話はすべて私に取り次がれてしまった。

そのうち質問は、「どうで」と「一応」の違いに変わっていた。「どうで」なんて最近はあまり使わないかもしれないが、「どうせ」と同じ意味である。「どうで一緒に帰るんだから、遅くなってもいい」などと使ったのである。ただ「一応」とは同義語とは言えない。

さらに「ともかく」と「とにかく」の違いを教えてほしいということになった。この二語の違いはかなり難しい。どちらも他の問題はいろいろあるがそれは考えずにという気持ちを表す語で、「会えるかどうかわからないが——行ってみよう」の場合は、「——」の部分に「ともかく」「とにかく」どちらを使っても違和感はないであろう。それほど意味が近い類語なのである。違いがあるとすれば、「Aさんは——Bさんなら引き受けてくれるかもしれない」のような、…は別として、という意味のときは、「ともかく」の方が「とにかく」よりも据わりがいいということくらいかもしれない。

その後しばらくは電話がなかったのだが、数か月後にまたかかってきた。今度は「だいたい」「ほどほど」「もともと」の違いだった。これらの語の違いを何のために知りたいのか聞き逃してしまったが、そもそもこの三語は類義語とは言えない。「だいたい」なら「おおよそ」「たいてい」などと比較するべきであろうし、「ほどほど」は「適度」などとあわせて考えるべきであろう。「もともと」は「元来」「もとから」が同義語となるであろう。もはや答えようがなくなっていた。

やがてこの人の電話からは解放された。

他にも、今『現代国語例解辞典』の「真理」という語を見ているのだが、この解説の中には真理があるのでしょうか、という哲学的と言うべきかどうか不思議な質問をしてきた人もいた。『現代国語例解辞典』の語釈は以下のような内容である。

（1）本当のこと。正しい道理。真実のこと。『真理を追究する』

（2）哲学で、いかなる場合にも通用する妥当な知識や判断。

辞書の解説はそこに書かれた内容がすべてなので、それ以上の意味はないと答えたのだが、わかってもらえなかったらしく、同じ質問を何度もしてきた。そのかたも長距離電話のようだったが、電話代が大変だったろう。

「お前がいい加減な編集者だとちらしをまくぞ」

『日国』初版の「たつくり（調布）」という項目について、解説内容がおかしいので修正すべきだと言ってきた人もいた。『日国』の語釈とは、

「（調《ちょう》として朝廷に納める布を多摩川の水でさらしてつくったところから）『ちょうふ（調布）【二】』の古称」

となっている。用例は平賀源内作の浄瑠璃『神霊矢口渡《しんれいやぐちのわたし》』（一七七〇年）の、

「其水上は調布《たつくり》や、さらす垣根の朝露を」

という部分を引用している。

「『ちょうふ（調布）【二】』の古称」とは、「（古代、多摩川の水にさらした布を、朝廷への調にあてたところから）東京都中部の地名。〈以下略〉」の古称、ということである。『神霊矢口渡』は、『日国』によれば、

「『太平記』に拠り、新田《にった》義興《よしおき》が武蔵国矢口の渡で討たれたあと、義興の弟義岑《よしみね》や遺臣たちの、新田家再興までの苦心を、義興をまつる新田明神の縁起に結びつけて脚色」

という筋書きである。

『神霊矢口渡』のこの部分は、東京と神奈川の境を流れる多摩川にあった矢口渡という渡し場の説明である。上流に「調布」というところがあると言っているのだ。

修正すべきだと言ってきた人は、「調布」と書いて「たつくり」と読ませるのはおかしい。そもそも「たつくり」という語は存在しない。また、『日国』で「ちょうふ（調布）」を引くと、二つ目の意味に「粗末な衣服」とあるが、「調布」は律令制の税の一つとして納めたもので、粗末な布ではなく上等な布であるというのである。

このときのすべてのやり取りを紹介すると大変な分量となってしまうのだが、私の判断は、『神霊矢口渡』の例しかないとしても、「たつくり（調布）」ということばは

文献で確認できるので削除するわけにはいかない、税として納められた「調布」は高級な布であっただろうが、その二番目の意味の粗末な衣服というのは『今昔物語集』の用例によるもので、のちに粗末なものという意味が生じた可能性がある、というものだった。

また、「たつくり」が地名の「調布」の意味になるまでにはけっこう複雑な経緯があったらしい。もともとの語は「てづくり（てつくり）」である。『万葉集』に収録された、有名な東歌《あずまうた》の、

「多摩川に曝《さら》すてづくりさらさらに何そこの児のここだ愛《かな》しき」

はこの「てづくり」である。

歌意は、多摩川にさらす手作りの布のさらさらとした感触ではないが、さらにさらにどうしてこの人は愛しいのであろうか、ということである。ここで歌われた「てづくり（たづくり）」は「さらさら」とあるように手織りの上等な布である。

この「てづくり」はのちに「手作」とも表記されたのだが、これが江戸時代になると「たつくり（たづくり）」とも読まれるようになったようで、さらに「調布」という表記と結びついていく。

これらのことを考えると、『日国』のそれぞれの項目の記述は矛盾していない。そこで私は『日国』第二版でも特に修正は加えなかった。

すると刊行後同じ人からまた電話がかかってきた。お前にはあれだけ丁寧に説明したのに、人の意見を聞かなかった、お前がいかに誠意のないいい加減な編集者か、お前の会社の前でちらしをまいてやるぞと言うのである。だが、私も確信があったからこそ、修正しなかったのである。そうされたところで、びくともしないと思った。

「どうぞおやりください」

と返事をした。その後会社の上層部には抗議の電話をしたらしいが、私に電話をかけてくることはなかった。会社の前でちらしをまかれることも。

ことばは一度気になり出すと、気になってどうしようもなくなるものなのかもしれない。

中国の大学生から中国の故事の質問を受ける

「隴《ろう》を得て蜀《しょく》を望む」ということばがある。『現代国語例解辞典』では、「一つの望みを遂げて、更にその上を望む。欲望には限りがないことのたとえ」と解説している。そしてさらに、「魏《ぎ》の司馬懿《しばい》が隴の地方を平定し、勝ちに乗じて、蜀を攻め取ろうとしたことから」という説明が補注でなされている。この補注の内容に関して中国の河南師範大学の三年生だという学生さんから質問を受けたことがある。その手紙は丁寧な日本語で書かれていた。

この補注の内容は若干説明が必要であろう。司馬懿は中国三国時代の魏の武将で、曹操《そうそう》、曹丕《そうひ》父子に信任された。字《あざな》は仲達《ちゅうたつ》で、「死せる孔明《こうめい》生ける仲達を走《はし》らしむ」という故事を聞いたことがあるかもしれない。話は脱線するが、この故事は次のような内容である。蜀の諸葛孔明《しょかつこうめい》の軍が五丈原《ごじょうげん》で仲達の軍と対陣、決戦しようとするとき、孔明が陣中で病死してしまう。そのため蜀軍は退却を開始したが、仲達は孔明が死去したと聞いて追撃した。ところが、蜀軍が旗をかえし、鼓《つづみ》を鳴らして反撃する勢を示したので、仲達は孔明がまだ生きていて計略にかけようとしているのではないかと恐れ、追撃をやめ退いたという故事である。

「隴を得て蜀を望む」はこの仲達が勝ちに乗じて蜀まで攻めようとしたときに、曹操が言ったことばとされている。出典は中国、晋朝の正史『晋書《しんじょ》』である。

ところが、これと同内容の話が、中国、後漢の正史『後漢書《ごかんじょ》』にも出てくる。こちらは後漢の初代皇帝光武帝《こうぶてい》が隴を平定して、さらに蜀の地を攻め取ろうとしたときに、臣下の岑彭《しんぼう》が書簡の中で述べたことばとされている。

中国の大学生からの質問というのは、日本の辞書では「隴を得て蜀を望む」の由来は、辞書によって『晋書』だったり『後漢書』だったりしているが、どちらが正しいのだろうかというものだった。確かに、いくつかの辞書を調べてみると、どちらか一方を根拠としている。『現代国語例解辞典』は『晋書』によっているわけだが、同様の意味で「望蜀《ぼうしょく》」ということばがあり、こちらは『後漢書』が根拠になっている。根拠がバラバラなのは褒められたことではないが、どちらも誤りではないので、そういったことをまとめて返事に書いて送った。すぐに返信があり、日本人は中国人以上に中国の古典を学んでいてすごいと書かれていた。

その後その中国の大学生からは、何度か手紙が送られてきた。そんなあるとき、河南師範大学で日本語を教えていたというかたの訪問を受けた。三重県にお住まいで、私のところに手紙を送ってくれていた大学生に日本語を教えていたのだという。その大学生から託されたと言って、私の名前が彫られた石材の蔵書印を届けてくださった。自分の教え子からの手紙にまめに返事をしてもらい、ありがたかったと深く感謝されてしまった。その大学生は、私からの手紙をすべてその日本語教師に見せていたらしい。

日本語を学んだ彼は、やがて日産自動車と中国の企業とが中国で設立した合弁会社に就職したらしい。あるとき、彼から会社の仕事で中国から日本に行くという連絡をもらった。だが、スケジュールが合わず結局会うことはできなかった。その代わり、日本の日産自動車のかたにお土産のウーロン茶を託したというので、私は銀座の日産本社に受け取りに行った。

その後は仕事が忙しくなったのであろう、手紙は来なくなってしまったが、蔵書印は今でも愛用している。

第九章

辞書の「印刷・製本」の現場より

辞書編集者として活版印刷の終焉に立ち会う

私が編集者になった一九八〇年の頃は、辞書の印刷はまだ活字を組んだ版を用いた印刷（活版印刷）が主流だった。活字は使わずに写真技術を利用して、印刷用の文字版下を作る写真植字《しょくじ》（写植《しゃしょく》）と呼ばれる方法も行われていたが、写植はどちらかと言えば商業印刷や雑誌のグラビア印刷などが中心だった。

だが、一九八〇年代は辞書の印刷が、活版からコンピューター制御の写真植字機によって印刷原版を作る電算写植組版《くみはん》システム（computerized typesetting system　略称CTS）に移行する変革期でもあった。最初に編集にかかわった『日国』の縮約版である『国語大辞典』（一九八一年）はまだ活版だった。だが、その四年後の一九八五年に刊行された『現代国語例解辞典』では、コンピューターを使った電子組版になっている。編集者になってわずか数年後に、ドイツのグーテンベルクが一四四五年頃に完成させ、五百年以上も続いた活版印刷の終焉に立ち会うことになったのである。

全二十巻の『日国』初版（一九七二～七六年）は、当然のことながら活版印刷である。私は初版にはかかわっていないので、活版印刷に対してそれほど思い入れはなかったが、何百年も続いた技術が衰退していくのかと思うと感無量だった。

印刷技術に関してそれほど詳しいわけではない。だが、せっかくの機会なので活版印刷について簡単に説明しておこうと思う。

活版印刷の工程は、大まかに言えば、文選《ぶんせん》↓植字↓校正↓紙型《しけい》↓鉛版《えんばん》↓印刷という流れになる。「紙型」「鉛版」などについては、あとでやや詳しく述べる。文選は、活字ケースの中から原稿に従って活字を一本ずつ文選箱と呼ばれる箱に拾い集める作業である。活字は「本」という単位で呼ぶことからもわかるように、高さ約二十三ミリメートルの金属の四角柱で、その一端に文字を左右反対に浮き彫りにしてある。文選は句読点や改行などいっさいかまわずに文字の活字だけを集めるので、次の工程の植字で割付けに従い見出しや句読点を入れ、改行をして、写真版などを組み込んで一ページの体裁に仕上げていくことになる。

一ページ分の活版はすべて文字で埋まっているわけではなく、余白部分がかなり多くある。その余白の部分を作るために組み込むものを「込め物」などと言う。そしてそれはさらに細かく分けられ、字間に入れるものをスペース、行間に入れるものをインテル、空白の行や行末に使うものをクワタなどと呼ぶ。印刷所の現場の人たちと打ち合わせをするとき、このような専門用語がポンポン飛び交うので、初めてのときは面食らった。スペースやインテルはなんとなく意味が推測できたが、クワタって何だろう、なんだか日本語っぽいし、まさか「桑田」ではないだろうななどとあれこれ考えたものである。

のちに『小学館ランダムハウス英和大辞典』を引いて、クワタは英語の quadrat、またはその短縮形の quad からで、元は quadrate すなわち方形という意味のことばであることを知った。ちなみにこの英和辞典には、quad にはイギリスの俗語で、刑務所の意味もあると書かれている。四方を塀に囲まれているから、そのような意味にもなったということなのだろうか。またしても、辞書の編集は塀の内側と縁が深いという落ちになってしまいそうだ。

字間に埋め込むスペースは、文中に欧文や漢字・仮名などの文字、あるいは数字以外にも、句読点・括弧《かっこ》・数学記号など（これを「約物《やくもの》」と呼んでいる）が頻出する辞書の場合は、文字間をきれいに見せるために多用される。

辞書の場合はさらに独自の約物を作ることも多い。たとえば、「補注」「活用」「語源」などを囲み文字などにして記号にしたものも「約物」である。一行当たりの字数は決まっているため、その約物で何字分取っているのか頭に入れておかなければならない。それを忘れると、その項目に加筆や削除をしたときに、わずかなことで一行増えたり減ったりしてしまう。加筆や削除の際に、活字を前や後の行に移すことを「送り」と言う。

私はこの「送り」の指定が大の苦手だった。たとえば初校で送りの指定をして、その部分を再校で確認してみると、指定通りだったためしがほとんどなかった。ただ前後を見ると、ちゃんとつじつまは合っている。印刷所のかたたちはプロ中のプロだったため、私のいい加減な指定を察して、うまく収めてくれたのだ。ただ、それに甘えきっていたようにも思う。

指定が間違っていても、行数が変わらずに収まっていれば問題はないのだが、辞書の場合は一行増えたり減ったりしただけでも大変なことになる。辞書では、たとえば五十音の「い」で始まる語が終わり、次の「う」で始まる語になったとき、ここからは「う」になるという一定の行数の区切りは設けるが、そのために段やページを変えることはなく、その区切りの部分を前の「い」のあとにそのまま続けてしまうことが多い。従って、もし「い」で一行増えたらどこかで帳尻を合わせておかないと、それが次の「う」に、さらにはその先まで影響してしまう。図版や表組などが多い辞書では、その一行のために図版や表組が動いてしまい、該当する項目とは違う段にそれらが挿入されることになってしまうのである。

活版のときは無理やり字間を狭めて、指定通りに「送り」ができたのだが、電子組版の場合は、「送り」はコンピューターが勝手に判断してやってしまう。そのため予想外のところで次の行に文字が送られてしまうことがしばしば起こった。機械は正確だが融通が利かないのである。

『日国』初版では一万四千台の「ゲラ」が組まれた

先述のように、校正のために仮に刷った印刷物を「ゲラ」と呼んでいるが、「ゲラ」と呼ばれているものは他にもあった。植字を行う植字工が使用する、組み終わった活字の版を入れておく底の浅い木製の盆が「ゲラ」なのである。たとえば『日国』初版の本文は各巻平均七百ページ、全二十巻で約一万四千ページあるので、一万四千台の「ゲラ」が組まれたことになる。組まれた「ゲラ」は、印刷が終了すればすべて中身はばらされてしまう。『日国』の「ゲラ」も同じ運命だったのだが、活字を組んだ組版を「ゲラ」に収めたものが記念に数台残されていて、一時編集部に置かれていた。それらは今も、図書印刷が大切に保存している。

話がそれたが、この「ゲラ」を簡単な印刷機（校正機）にのせて試し刷りをするのだが、これで刷られたものがゲラ刷り（校正刷り）である。つまり編集者が「ゲラ」と呼んでいるのは、この校正刷りのことなのである。印刷所と編集者とでは、別のものを「ゲラ」と呼んでいたことになる。

だが、印刷所が使用していた組んだ活字を入れるゲラは、印刷技術の進歩により使われることはもはやほとんどなくなってしまった。辞書の場合、現在は活字を使わないコンピューターと連動した組版システムが主流になっている。一般の単行本の場合は、さらに小型のコンピューターで手軽に組版が行えるＤＴＰ（desktop publishing

『日国』初版の組版（拡大）。活字は左右逆になっている。
右側の枠の部分がゲラの外枠である。

図書印刷沼津工場に保存されている、古い印刷機にセットされた『日国』初版の組版。写真中央に置かれている方形の平たいものが、ゲラに収められた組版である。

デスクトップ・パブリッシング）に移行しているが、辞書はページのレイアウトが複雑なため、まだDTPでは難しいことが多い。

時が移り「ゲラ」そのものが存在しなくなっても、校正刷りの意味の「ゲラ」ということばだけは生き残ったのである。

『日国』初版の「清刷《きよずり》」をスキャンし、第二版の下地を作る

活字などを組み上げた活版を原版《げんぱん》と呼ぶのだが、印刷部数が数千部程度だったら、直接この版を使って印刷することもある。だが一万部近い大部数となると印刷をしているうちに活字が磨滅してしまうので、複製を鉛合金で作る。これを鉛版、あるいはステロタイプと呼ぶ。ステロタイプは、紋切り型などの意味で使われるステレオタイプ（stereotype）と同義語である。活版の上に特殊加工の紙をのせて圧力を加え、原版と逆になる紙型と呼ばれるものを作り、これに鉛合金を流し込んで元の活版と同じ版にしたものである。

以上が、活版印刷の大まかな工程である。ただし『日国』初版では鉛版は作らず、原版から清刷《きよずり》と呼ばれる上質紙に刷ったものを作り、これを版下として写真製版（文字や写真の原稿を撮影し、ネガまたはポジを作り、あらかじめ感光液を塗った金属板にネガやポジを焼き付けて版を作る方法）を行い、さらに平版《へいはん》と呼ばれる方式の版を作成して印

刷を行った。ページ数が膨大で、かつ大量部数の印刷を行うときの技法である。

この『日国』初版の清刷だが、刊行後も図書印刷に大切に保管されていたため、第二版の改訂作業を開始するときに大変役に立った。第二版の編集はコンピューターを活用して行うことになり、図書印刷のOCR（光学的文字読み取り装置）で、この清刷を読み取りテキストデータ化したからである。一九八七年のことだ。ただ何しろページ数が膨大だったため、この作業だけで一年半もかかった。ゲラの説明のところで触れたが、清刷も同じ約一万四千枚になる。

しかもOCRで読み取った際の正読率は一〇〇パーセントにはならず、九九・八パーセントだった。数字を見ただけではかなりの精度だと思われるかもしれないが、誤読率〇・二パーセントという数値が曲者で、あとでボディーブローのようにきいてきた。

誤読率〇・二パーセントというのは『日国』本文の行数だと、だいたい二十行に一つの割合で誤読した文字が出てくる計算になる。たとえばそれが「夏目漱石」を「夏目瀬石」と読んだといった単純なものならすぐに修正できるのだが、どこに潜んでいるのかぱっと見ただけではわからないものも多く、かなり苦労して見つけ出さなければならなかった。校了直前まで残ってしまったものに、ひらがなの「へ」とかたかなの「ヘ」がある。人間でもぱっと見ただけではわからないこの二つの文字が、機械も苦手だったのである。だが、そんなことで感心してもいられない。このようなことばかりで、原文となる初版との文字照合を行った校正者の苦労は、並大抵ではなかったと思う。ただ、誤解のないように付け足しておくと、まだOCRの技術が生まれたばかりのこの時代に、正読率を九九・八パーセントまで上げたのは大変なことだったと言える。

『日国』の印刷は初版、第二版ともに、現在凸版印刷の傘下に入った図書印刷にお願いしたのだが、私の長い編集者人生の中でも特に関係が深かったのはこの印刷会社だった。図書印刷の営業や現場のかたがたとの思い出は山ほどある。

編集者だったら誰しもが感じることかもしれないが、印刷会社のかたがたの真摯な態度には本当に頭が下がる。正直に告白すると、それをいいことにかなりな無理難題をお願いしたこともある。この場を借りてお詫びしたいのだが、もう遅いのかもしれない。

電子組版、衝撃の落とし穴

話は前後するが、『現代国語例解辞典』刊行の翌年の一九八六年に、『言泉』という辞書を刊行している。『言泉』といえば、一九二一年（大正十年）から一九二九年（昭和四年）にかけて刊行された同名の辞書があるが、それは歌人で国文学者でもあった落合直文《おちあいなおぶみ》著の国語辞典『ことばの泉』を芳賀矢一《はがやいち》が大増補したもので、まったく別のものである。

我々の『言泉』は『日国』の編集委員でもあった林大《はやしおおき》先生の監修で、私も『現代国語例解辞典』を担当しながら、編集のお手伝いをしている。この辞書は、一九八一年に刊行した『国語大辞典』の後継辞典という位置づけだったが、収録語数が十五万語と『国語大辞典』の二十五万語からは大幅に縮小されていて、中途半端な収録語数の辞書というありがたくない評価を頂戴してしまった。だが、私の中では語数こそ少ないが、百科事典的な要素を廃して、国語項目に力を入れた画期的な辞書だと思っている。ただ残念ながら実際の売り上げは『国語大辞典』の半分以下という結果だった。

この『言泉』も、並行して編集が進められていた『現代国語例解辞典』同様、電子組版を使って編纂された。以後電子組版が辞書編集では主流になっていくわけだが、思いがけない落とし穴があった。校了間際にあるページで修正を行ったら、そのページ内のまったく予期しなかった項目が脱落（データ消去）してしまったのである。その項目は忘れることができない。「屎尿《しにょう》」という項目だったからである。この項目にはまったく手を入れていないので、原因不明の出来事だった。印刷会社にも徹底的に調べてもらったが、同じページ内でデータをいじった際に、その項目に何らかの形で影響があったのか、あるいは人為的なミスであろうということだった。

三浦しをんさんの小説『舟を編む』の中に、ゲラの中にある項目が脱落しているのを見つけて、他にも脱落してしまった項目がないか、編集部の人間が徹夜で「あ」～「ん」までのゲラをチェックする場面があるが、我々編集部もまさにそれに近いようなことがあったのである。同小説は活版時代の話だが、万能に近いと信じていた電子組版の時代に、このようなミスが簡単に起きてしまうという衝撃は大きかった。他に脱落した項目はないか、小説とは違って人海戦術ではなく機械処理で頭から確認することはすぐにできたが、問題はそういうことではない。機械とて信用できないということを思い知らされたのである。

それ以後、データ上で何かしらの手を入れた場合は、その箇所のあるページ全体を必ず確認するようになった。最後に頼れるのはやはり人間の目なのである。

日本の辞書の「製紙・製本」のすごい技術

印刷技術もそうだが、日本の製紙技術や製本技術も世界に誇れるものではないかと思っている。こんなことを知ることができたのも、限られたスペースの中に、膨大な量の情報を収めなければならない、辞書という書籍とかかわってきたからかもしれない。

辞書に使われる紙というと、年配のかただと、インディアペーパー（インディアンえば、ボイル紙（ボイルペーパー）と呼ばれていたものがあったことをご記憶かもしれない。かつて辞書というと、この紙が主流だった。

インディアペーパーは、元来はイギリスに輸入されていた中国産の薄手の上質紙のことである。のちにオックスフォード大学出版局がこれを模した紙を作り、インディアペーパーと名付けて聖書を印刷したことから、聖書や、辞書、六法全書などページ数のかさむ書籍に使われるようになった。オックスフォード大学出版局は、あの『The Oxford English Dictionary（オックスフォード英語辞典）』を出版したところである。

インディアペーパーは薄いだけでなく、インクの裏抜けのしにくい紙で、それが辞書の用紙に選ばれた最大の理由だった。余談だが、この紙によく似ているが若干不透明性に欠ける、ライスペーパーあるいはシガレットペーパーと呼ばれる紙がある。紙巻きたばこなどに使われる紙である。ライスペーパーはベトナム料理でも使うが、それとはまったくの別物である。

ひょっとすると、太平洋戦争中に英語の辞書を破って、イタドリ（タデ科の植物）や紅茶の葉などを巻いて代用タバコとして吸った経験をお持ちのかたや、そんな話を聞いたことがあるかたがいらっしゃるかもしれない。それは、インディアペーパーがシガレットペーパーに近い紙だから使ったのであって、ただ薄い紙だから使ったわけではない。ましてや、辞書の紙で巻いた（代用）タバコを吸えば、英単語が覚えられると思ったからではないはずだ。もっとも当時英語は敵性語だったので、英語の辞書はもう必要なくなったということはあったかもしれないが。

私が辞書編集者になりたての一九八〇年代前半は、辞書の用紙はまだこのインディアペーパーが主流だった。だが、その後辞書に適したさらに優れた紙が次々に生み出されるようになる。特に求められたのは、やはり軽くてインクの裏抜けがしにくい点だった。

たとえば小学生向けの辞書は、かつては大人の辞書よりも厚い紙を使っていた。子どもが乱暴にページをめくっても破れないようにとの配慮からである。ところが、改訂のたびにページが増えていくと、必然的に辞書そのものの重さも増してゆく。

そこで、私が小学生向けの辞書『例解学習国語辞典』を担当したときには、何よりも紙の軽量化を目指した。そのときは、前の版よりも百二十八ページもページ数が増えたのに、以前よりも百数十グラムも軽い本にすることができた。これは、この辞書のために特別な紙を抄《す》いた製紙会社の技術力に負うところが大きい。さらに、その次の版でも九十六ページ増えたが、重さはほとんど変わらず、本の厚みは旧版よりも薄くなっている。

定年後のことだが、小学生向けの辞書はオールカラー版が主流になりつつある。カラー印刷の場合薄い紙だと裏抜けしてしまうのだが、そのようなことのない薄い紙が開発されているようだ。

　製本も驚きの技術が活かされている。従来の辞書は机の上で開き、手をはなすとすぐに閉じてしまうものが多かった。だが、最近の技術では、手や重しなどで押さえておかなくても開いたままである。しかも、見開きで一八〇度開くだけでなく、左右両方向に一八〇度、つまり三六〇度開いても壊れることはない。外国の辞書すべてを見ているわけではないが、こんなことができるのは日本の書籍くらいなのではないだろうか。

　だが、こんなことは無駄な技術なのではないかとお思いのかたもひょっとしたらいらっしゃるかもしれない。ところがそうでもないのである。

　次章の辞書引き学習のところで詳しく述べるが、子どもたちが何千枚もの付箋《ふせん》を辞書に貼ると、辞書はその厚みでどんどん膨らんでしまう。そうなると辞書の背の部分に負荷がかかるが、三六〇度開くことができる辞書なら、どんどん増える付箋の厚みにじゅうぶん持ちこたえられるのである。

第十章

「辞書引き学習」で全国行脚

小学生の間で広まる「辞書引き学習」

現在私は、特定非営利活動（NPO）法人こども・ことば研究所の副理事長を務めている。理事長は中部大学教授の深谷《ふかや》圭助《けいすけ》先生で、先生が開発した「辞書引き学習」を広めるために、二〇一四年一月にこの活動を支援する仲間たちとともにNPO法人として立ち上げた。

「辞書引き学習」とはどういうものか、ご存じないかたもいらっしゃるかもしれない。実は、辞書にも載っている学習法なのである。

たとえば小学館の『デジタル大辞泉』には以下のように説明されている。

「辞書で引いたことばを付箋《ふせん》に書いて、該当ページに貼っていく学習法。教育学者の深谷圭助が愛知県の公立小学校教諭時代に発案し授業で実践した。辞書を引いただけ付箋の数が増えるので成果が実感でき、子供はゲーム感覚で辞書を引く習慣を身につけることができることから、全国的な広まりを見せている。語彙の数を増すだけでなく、子供が自発的に学習する意欲を引き出す効果も期待されている」

いかがであろうか。要領よく書かれているので、どういうものか即座にご理解いただけたのではないだろうか。それもそのはずである。この項目は私が書いたものなの

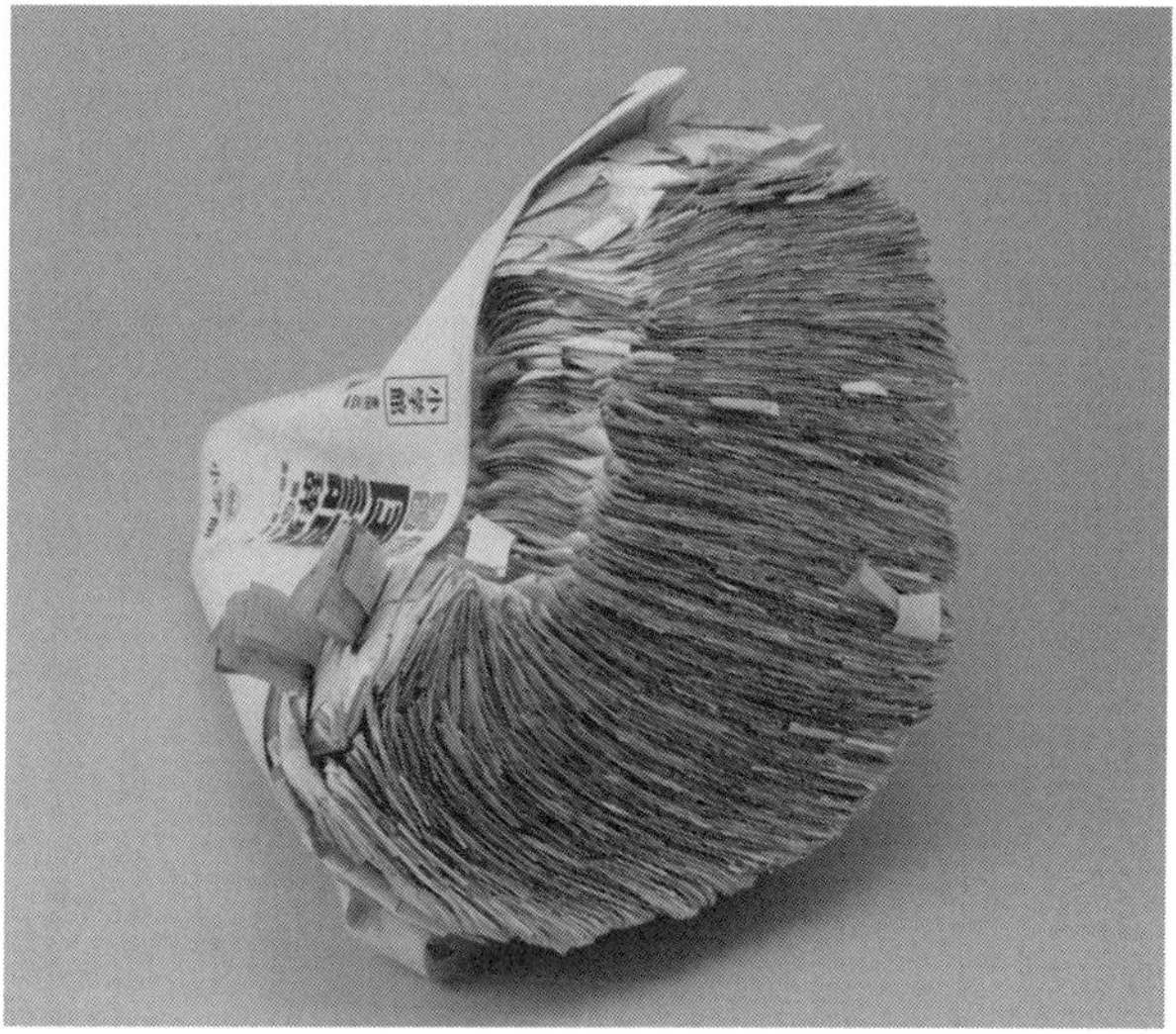

辞書引き学習をして二万三千枚の付箋が貼られた小学三年生の辞書

だから。

付箋がたくさん貼られて、白菜のようになった小学生の辞書をご覧になったことはないだろうか。それこそが、辞書引き学習をやっている子どもの辞書なのである。辞書引き学習は小学生の間で、かなり広まっている。

深谷先生の「辞書引き学習」の授業を初めて拝見したのは、二〇〇七年八月五日に東京都港区の区立港南《こうなん》中学で開催された教育夏祭りのときだった。教育夏祭りは特定非営利活動法人日本教育再興連盟が主催している教育のイベントである。そのときに深谷先生の模擬授業で使う小学生向けの辞書と付箋とを、編集部で提供したのである。

深谷先生の辞書引きの授業は、教育には素人の私の目から見ても、子どもの知識欲を上手にあおり、やる気を起こさせる、とても質の高い授業だと思った。辞書を作る側からすると、今後小学生向けの辞書は、このような使い方に応えられるような内容にしなければならないという思いを強くした。

このときの出会いをきっかけに、私も「辞書引き学習」を広める活動に深くかかわるようになる。

その当時、私は小学生向けの国語辞典『例解学習国語辞典』も担当していて、その新版（第九版）では、深谷先生をぜひ編集委員にお迎えしたいと考えた。直ちに編集部内で提案し、教育夏祭りの一か月後の九月四日に、先生に編集委員になっていただくようお願いするために、京都まで行っている。先生は京都にお住まいで、そのときは立命館小学校の教頭をされていた。

二〇一〇年秋に深谷先生を新編集委員に迎えた『例解学習国語辞典』第九版が刊行されてからは、小学館が中心となって全国各地の書店組合や書店とともに先生の講演会を開催することが決まり、まさに全国行脚が始まった。

辞書引き学習の全国行脚、始まる

最初の講演会で訪れたのは福島市だった。二〇一〇年の十二月五日のことである。

このときは、前日にも先生に東京の青山スパイラルホールで一般向けの講演をお願いしていた。ところが先生はその前の晩から風邪をこじらせてしまい、見るからに具合が悪そうだった。だが、壇上でマイクを持ったとたんスイッチが入ったらしく、体調の悪さを感じさせない、盛りだくさんの講演をなさった。

しかし、翌朝になっても回復するどころか、病状が悪化しているように見えた。福島に着いてからも立っているのもつらそうな様子だったので、開演時間まで救護室で休んでいただいた。

このときも、演壇に立たれてからは、具合の悪さなど感じさせない講演内容だった。ただ、本当のところは立っているのもやっとで、早く終わりにしたかったらしい。

このとき同行した小学館の営業の人間がまったく空気を読めず、先生のお話が終わったあと、

「まだ時間がありますので、何かご質問のあるかたはどうぞ」

などと余計なことを言ってしまったのである。のちに先生は、あのときは本気でその営業の人間のことを殺してやろうかと思ったとおっしゃっていた。今では笑い話だが。

小説『KAGEROU』異聞

その翌年（二〇一一年）の一月には、深谷先生と熊本と福岡に行った。熊本では熊本県の書店組合の新年会があるというので、先生と一緒にそれにも出席した。会に出てから知ったのだが、ポプラ社の当時の社長坂井宏先《ひろゆき》さんの講演付きの会だった。ちょうどそのときは、同社から出版された水嶋ヒロさん（本名の齋藤智裕《ともひろ》名義で執筆）の『KAGEROU』という小説が、同社の第五回ポプラ社小説大賞を受賞して話題になっていたときである。話題といっても、水嶋ヒロさんが受賞したことに対して、小学館の「週刊ポスト」が八百長ではないかという記事を掲載し、ポプラ社が事実無根であるとして抗議していたということだったが。

講演のあとの懇親会で、偶然ではあるが坂井さんと同じテーブルになった。同席し

た書店のかたが、私が小学館の社員であることを坂井さんに耳打ちすると、私の方をちらちらと見ながら、

「水嶋ヒロの作品について大手の週刊誌が文芸作品ではないと批判しているが、あの賞は、うちの会社の編集者が出したいと思った作品に贈る賞であって、文学性をどうこうといったものではない。だから、芥川賞や直木賞などと比べるのはまったくのお門違いである」

と言ったのである。これには心底驚いた。できレースで賞を与えたことを社長自ら認めてしまったわけであるから。

坂井さんは那須《なす》正幹《まさもと》さんの人気シリーズ『ズッコケ三人組』の編集担当者としても有名なかたである。だが、熊本でお目にかかった三年後に、悲惨な最期を遂げられたらしい。

全国各地の「神社や寺院」で辞書引き学習会

辞書引き学習のおかげで、おそらく一生のうちに行くことはないであろうと思われた場所にも行くことができた。そうした中には、かなりな難読地名のところもある。宍粟市（兵庫県）、邑南町（島根県）などであるが、何と読むかおわかりだろうか。それぞれ「しそうし」「おおなんちょう」と読む。邑南町は町を挙げて辞書引き学習に

取り組んでいて、今も続いている。

辞書引きの講演会、学習会は主に学校や市民会館、図書館などで行っているが、お寺や神社で開催したこともあった。たとえば、京都の大徳寺《だいとくじ》、北野天満宮、福岡の太宰府天満宮、東京の神田《かんだ》神社、浅草神社、蓮華寺《れんげじ》、神奈川の寒川《さむかわ》神社、札幌市の北海道神宮などである。

大徳寺は真珠庵《しんじゅあん》という塔頭《たっちゅう》（大寺院の敷地内にある小寺院や別坊のこと）で行った。二〇一二年の十二月のことである。ここはとんちで有名な一休《いっきゅう》さん、すなわち一休宗《そう》純《じゅん》の庵《あん》だったところである。最初は本堂に当たる方丈《ほうじょう》に子どもたちを上げて学習会を行う予定だったが、方丈の襖絵《ふすまえ》は長谷川等伯《とうはく》らの筆と伝えられ、また、一休宗純の晩年の姿を描いた坐像《ざぞう》なども安置されているため（いずれも重要文化財）、さすがに何かあったら大変だということになった。というのも、二年前にこの庵ではちょっとした事件があったからである。

二〇一〇年秋のことだが、縁側の隅に立てかけてあった一休さんの肖像画に、アライグマらしき動物が穴をあけたのである。その絵は同庵所蔵の一休宗純像をモデルに描かれ、昭和三十年代に収蔵されたものだそうだ。従って重文ではなかったが、大切にしていたものであることは間違いない。私も絵を見せていただいたが、その絵の一休さんは、なんと歌手の槇原敬之《まきはらのりゆき》さんにそっくりなのである。否、槇原さんが一休さんに似ていると言うべきなのであろうが。

　事件があったとき、お寺のかたが穴に気づいて絵を動かすと、額の上から柿が一つ落ちてきたそうだ。どうやらアライグマは柿を額の上で食べようとしたらしい。

　当時の朝日新聞を見ると真珠庵の山田宗正《そうしょう》住職が、

「アライグマに罪はない。静かな場所で柿を食べようとしただけ」

と答えたという記事が載っている。いかにも豪快なご住職らしいことばである。

　辞書引きの講演会は、真珠庵の中のご住職の居室をお借りして行った。

　山田住職には、前日に下見をした際にお目にかかっていて、普段は一般公開していない寺院の中も案内していただいた。陶芸作家の辻村《つじむら》史朗《ろう》さんの井戸茶碗でお抹茶を立ててくださり、神永曉というのはいい漢字からなる素晴らしい名だと、お褒めのことばまでいただいた。

　辞書引きの学習会を神社や寺院で行うようになったのは、「心游舎《しんゆうしゃ》」という団体とご縁ができたからである。「心游舎」は三笠宮家の彬子《あきこ》さまが中心となって、子どもたちに本物の日本の伝統文化にふれる機会を提供したいという思いから設立された団体である。二〇一二年の設立で、早くもその年の十二月九日には、「心游舎」主催の辞書引きワークショップを大徳寺真珠庵ともう一か所北野天満宮で行ったのである。

　その翌年の二月には太宰府天満宮で辞書引きの学習会を行った。ちょうど梅花祭《ばいかさい》

（天神さん菅原道真公の命日）のときで、私も心游舎の関係者として本殿に上がらせていただいた。彬子さまが主賓で、宮司の祝詞《のりと》のあと、深谷先生も梅花の献花をした。この日は榊《さかき》ではなく梅の枝をお供えするのである。また、二十七歳で定年を迎える巫女さんたちの神楽《かぐら》の奉納もあった。四人が童子《どうじ》の格好をして、一糸乱れずに神楽を美しく舞うのを間近で見るという、思いがけない体験ができた。

古くは学問研究の場だった寺院や神社で辞書引きを行うのは、まさにうってつけだと思い、以後、現在に至るまで「心游舎」とのコラボは続いている。

福島の被災地で辞書引きを行う

二〇一一年三月十一日の東日本大震災のほぼ二か月後、五月三日に深谷圭助先生と福島県いわき市の避難所に出かけ、そこにいる子どもたちに辞書引き学習をやってもらうことを考えた。まだ授業が再開できない学校も多く、子どもの学力の低下が懸念されると聞いたからである。辞書引き学習だったら、避難所でも家でも誰にも頼らずに一人でできる。子どもの暇つぶしに最適で、むしろそんなときこそ効果がある。学校に行かなくても、自らの力で学ぶことを知ってほしいという願いもあった。

常磐線は不通になっていたため、高速バスで常磐道の勿来《なこそ》インターチェンジを目指した。高速道路が渋滞していて予定よりもかなり時間がかかったが、夕方になって、ようやくいわき南の森スポーツパークという避難所に到着した。

この避難所は三月の本震のときではなく、四月十一日の余震のときに避難してきた人たちがほとんどだった。関東地方北部や福島南部では、この余震の被害が大きかったのである。避難所に行くまでに、あちこちでブルーシートで覆った屋根が見えた。

避難所では子どもの数は多くなかったが、みんなとても興味を持ってくれた。まだ字が読めない子には、辞書の中に描かれているイラストを見せながら、辞書引きに挑戦してもらった。辞書と付箋はその子たちにプレゼントしたのだが、その後使ってくれただろうか。

その一か月後にも、深谷先生といわき市内の小学校に辞書引きの指導に行っている。地震から三か月たっても市内の電柱は傾いたままのものがあった。町は静かだったが、地震の爪痕はあちこちに残っていた。

市内では二つの小学校を回った。中でも、原発三十キロ圏のぎりぎり外側にある四《よっ》倉《くら》小学校は、校庭の手前まで津波が来たという。近くにある四倉中学校は津波の被害を受けたそうだが、二つの学校の間にある国道六号線が堤防代わりになり明暗を分けたらしい。その中学校の生徒が小学校を間借りしていて、教室はぎゅう詰めの状態だった。

もう一校の中央台東《ちゅうおうだいひがし》小学校の方は高台にあるため津波の被害はなかったそうだが、

学校の周りは仮設住宅の建設場所になっていた。

いわき市では、その後も地元の書店のヤマニ書房が辞書引き学習会を二度開催してくれたため、復興の様子を直接見ることができた。

余談だが、いわき市の二つの小学校を回ったときに、お世話をしてくれた地元のSさんから、ぜひ持って帰ってくれと帰りしなに一升瓶を手渡された。「天明《てんめい》」という、いわきではなく、会津坂下《あいづばんげ》の酒である。同じ福島県でも、いわき市は海側、会津坂下は山側で、けっこう離れている。どうして会津の酒なのかといささか不思議に思って、わけを聞いてみるとこんな話であった。「天明」の酒蔵は地震のせいで建物が倒壊したものの、幸い酒を仕込み中の桶の一部が無事だったらしい。そこで残っていた種類の違う酒をブレンドし、それを火入れしたうえで瓶詰めした酒だというのである。復興支援として県内全体でさまざまな取り組みをしていて、この酒もその一つだという。ありがたく頂戴したが、もったいなくてすぐには飲めなかった。

「神永さんは何のために来ているの？」

二〇一二年に先述の難読地名の兵庫県宍粟《しそう》市に深谷先生のお供をして行ったときに、こんなことがあった。

宍粟市は揖保《いぼ》川《がわ》沿いの町が合併してできた市で、かつて宍粟郡と呼ばれていた地域の大半に当たる。因幡《いなば》街道沿いに細長く開けているため、町の中心部がどこにあるのかよくわからないという印象だった。有名な素麺の揖保乃糸の産地でもある。

このときは前の晩に宍粟市に入り、地元の安井《やすい》書店の社長さんに、囲炉裏を囲んで食事ができるお店に連れて行っていただいた。その席で社長さんから、

「深谷先生は辞書引きの指導をなさるわけですよね。では、神永さんは何のために来ているんですか」

とかなり鋭い突っ込みを受けた。深谷先生との全国行脚はすでにかなりの回数になっていたのだが、私が一緒にいることに対して疑問を持たれたのは、後にも先にもそのときだけだった。

先生も私も大笑いをしてしまったが、下戸の先生の代わりにお酒を飲むためです、と言ってごまかした。そのときも、播州一献《ばんしゅういっこん》、奥播磨《おくはりま》、老松《おいまつ》という地元ならではのお酒を飲んでいたのである。

辞書引きの全国行脚は、先生をご案内する係として編集部の人間も一緒に行くことになっていたのだが、先生のお話をうかがうのが楽しくて、ついつい私ばかりご一緒していた。辞書、事典の部門を統括する立場になってからもそれを続けていたので、私の直接の上司にあたる取締役からは、若い者に行かせろとかなり厳しく言われていた。だが完全に無視してしまったのである。

それにしても定年で退職するまで、北は北海道から南は石垣島まで、辞書引きのために私が行かなかった県は秋田県と石川県、鹿児島県だけという、本当にあちらこちらに行き、各地の地酒をよく飲んだと思う。そのときに知り合い、定年退職後もお付き合いが続いているかたが全国各地にいる。ありがたいことである。

京都の寺院に籠もり、小学生にとっての基本語彙を選定

辞書引き学習とは直接関係ないのだが、『例解学習国語辞典』という小学生向けの国語辞典のために、深谷先生と京都の嵐山のお寺に二日間籠もって作業をしたことがある。二〇一四年七月のことである。なぜわざわざそのような場所を選んだのかというと、お忙しい先生と一気に仕事をするにはそれしかないと考えたからである。ほとんど思い付きだったが。

作業内容は、小学生が六年間で学ぶべき語彙を学年別に選定することだった。場所は天龍寺の塔頭《たっちゅう》、宝厳院《ほうごんいん》で、ここのご住職が先生のお知り合いだったため、快く書院の座敷を貸してくださったのである。

宝厳院は室町時代の創建で、二〇〇二年に現在地の天龍寺の南側に移転再興した。移転先となった現在の場所にも、かつては別の塔頭寺院があったらしい。庭園はそのときのもののようである。お借りした座敷は、数寄屋造りの建物の中の一階部分より

もやや高く設けられていて、そこから庭が見下ろせた。その庭園は「獅子吼《ししく》の庭」と名付けられ、室町時代後期の臨済宗の僧の策彦周良《さくげんしゅうりょう》の作庭だという。嵐山の景観を取り入れた、借景式山水回遊庭園である。私たちが行ったのは七月だったが、紅葉の時季は殊《こと》に素晴らしいだろうと思われた。そんな心洗われるような環境で、語彙の選定作業ができたのである。

作業そのものは、小学生の間で学ぶべき基本語彙を、先生と私とで品詞別に選定することから始めた。基本語彙に関しては、先行する語彙集が何種類か存在していたので、それらを参考にしつつ、私たちの経験も交えて語を選び出していった。最初の選定段階では主観的な部分もかなりあったし、比較的難しい漢語や外来語の扱いは、先生と私の意見が食い違うものもあった。

結局二日間で大まかな選定をし、それを編集部に持ち帰り、さらにちゃんとした裏付けのあるものにする作業を行った。編集部では、小学校で使う全教科の教科書をもとに、独自に作成した語彙データを持っていたのである。たとえば、「会議」という語は、何年生のどの教科の教科書で初めて出てくることばなのかがわかるデータである。これにより、その語を何年生で学べばいいのか決められるわけである。そのデータと選定した語彙とを照合し、さらには選定したことばとあわせて学ぶべきと思われる関連する語も、新たに追加していった。

このようにして、結果的に七千七百語を選定した。そしてそれに文部科学省が指定する学習漢字の学年別の配当のように、独自な学年別の配当を施したのである。学習漢字とは、常用漢字のうち、小学校の期間に学習する漢字のことで、小学校学習指導要領の「学年別漢字配当表」に、学習する漢字と学年が示されている。この成果は学年別必修基本語七千七百語と名付け、『例解学習国語辞典』第十版に反映させた。

学習用国語辞典のささやかな試みだったが、その実際の選定作業も含めて、楽しい仕事ができたと思っている。

辞書引き学習による「辞書の造本の進化」と付箋の秘密

「辞書引き学習」は、辞書にとっては内容ばかりでなく、販売や造本面でも極めて画期的なことだった。

販売面では、紙の辞書が全般的に電子辞書などに押されて売り上げが大きく落ち込んでいるなか、唯一小学生向けの辞書が紙の辞書の売り上げを伸ばすことができた。

造本に関しては、従来の子ども向けの辞書は乱暴に取り扱っても壊れないように、硬い厚紙を薄手の紙でくるんだ表紙が主流だった。ところが、付箋を貼るとむしろこちらの方が壊れやすいことがわかったため、大人の辞書と同じ塩化ビニール（塩ビ）の表紙に替えたのである。さらには、薄くて軽い紙の開発や丈夫な造本もなされた。小学生向けの辞書は、内容だけでなく造本も進化を遂げているのである。

辞書引き学習は出版社だけでなく、付箋のメーカーにも大きな利益をもたらした。辞書引き学習で使う付箋の大きさに決まりはないが、普通は七十五ミリ×二十五ミリのサイズのものを勧めている。このサイズだと子どもが文字を書き込みやすいからである。このサイズの付箋には、辞書引き学習用とうたっている商品まである。どこが違うのかというと、辞書引き用は幅二十五ミリと同じなのだが、辞書からはみ出す部分が短くなるように長さが六十五ミリと少し小さくなったのと、糊のついている部分の縦の幅が少し狭くなっている。この糊の縦の幅が広いと、付箋を辞書に貼った際に付箋どうしがくっついて辞書が開きにくくなってしまうのである。

付箋は定価で買うと、千枚で千円くらいする。つまり一枚一円だ。これが高いと思うか安いと思うかは人それぞれであろうが、小学生用の辞書は二千円前後だから、出版社側の人間としては、ものの値段とは何だろうとちょっと考えてしまう。実際一万枚以上の付箋を貼る子もおり、それの付箋代は約一万円にもなる。

別の見方をすると、小学生向けの国語辞典はだいたい総ページ数が千五百ページ前後である。繰り返すが値段は二千円前後だ。これをページ単価で考えると、一ページ当たり一・三円前後となる。もちろん単純な比較はできないことはよくわかっているが、糊がついているだけの一枚一円の付箋と比べてみると、少し割り切れないものを感じてしまう。

第十一章

辞書以外の世界で「ことばの面白さ」を伝える

コラム執筆に目覚める

三十歳になったばかりのときに、小学館の「女性セブン」という雑誌で、ことばに関するコラムを編集部内で分担して書いたことがある。「ここで突然ことばありき」というタイトルだったと思う。『言泉』という辞書の宣伝を兼ねたものなのでもちろん原稿料は出ず、しかも無署名だった。一回二百字のコラムだったが、けっこう楽しみながら書いた。現在私は、新聞や雑誌、インターネットのサイトなどさまざまな媒体でコラムを書かせてもらっているが、その原点となるものである。

掲載誌もそのコピーも手元にない（当時はワープロもなく手書きだった）ので、どのような内容のものを書いたのかほとんど覚えていないが、書いた項目はメモが残っている。「彼岸」「巣立ち」「華燭《かしょく》」「伊達男」「春眠」「定番」「美食」「キッチンドリンカー」「クアハウス」「人材派遣業」「桜餅」などである。埋め草的な原稿だったので、すべてが掲載されたわけではなかったようだ。ことばを取り上げて辞書と違った書き方をするのは勉強になったし、けっこう自分に向いているような気がした。

「桜餅」の原稿はちょっとした思い出がある。「桜餅の皮は普通は白玉粉か小麦粉で作るが、京阪では道明寺《どうみょうじ》粉のものも多くみられる」と書いたところ、『日国』初版の編集長だった倉島さんから、普通はもち米を搗《つ》いたものを用いるのでおかしいから直せと言われたのである。

桜餅の皮には、いくつかの種類がある。関東ではもち米の粉を水でさらして精白して乾燥させた白玉粉か小麦粉を使うのが普通だが、関西では道明寺粉のものが多い。道明寺粉は、大阪の道明寺で創始されたという、糯米《もちごめ》を蒸して日に干した道明寺糒《ほしいい》を挽いた粉である。道明寺糒は古くは携行食だったらしい。同じ桜餅と呼ばれるものでも、関東と関西では皮の部分が違うのである。当時はまだ刊行されていなかった『日国』第二版でも、今見るとそういった内容の記述になっている。だが、長野県生まれの倉島さんは、そのことを知らなかったのかもしれない。

千葉県生まれの私がなぜそのようなことを知っていたのかというと、これより少し前に、実際に大阪の道明寺に行ったことがあったからである。と言っても、別に桜餅を食べに行ったわけではない。道明寺は大阪府藤井寺市の尼寺で、推古《すいこ》天皇の時代に、菅原道真の祖である土師《はじ》連《のむらじ》八島《やしま》の私宅を寺としたのが始まりと言われ、のちに菅原氏の氏寺《うじでら》となっている。この寺に平安前期作のふくよかな顔立ちをした十一面観音立《りゅう》像《ぞう》（国宝）があり、毎月日を決めて公開しているというので見に行ったのである。道明寺糒は代々の尼僧の工夫によって生まれたことも、そのとき寺で聞いた。

私は、高校生の頃から神社仏閣を巡るのが趣味だった。当時友人たちからは、

「お前、今からそんなところに行っていて、年取ったらどうするんだ」

と言われながらも。だが、そう言った友人たちにまた会うことがあったらこう言い

たい。

「だいじょうぶ、今でもちゃんと神社仏閣巡りは続けているので」

と。

倉島さんにはかなり抵抗したのだが、結局聞いてもらえず、仕方なく皮の原料の説明はやめて、

「とりわくるときの香もこそ桜餅」

という、作家で俳人でもあった久保田万太郎《くぼたまんたろう》の句を引用して、文字数を合わせた。桜餅は取り分けるときの香りもことのほかよいという句である。甘党でなくてもつい食べたくなる句で、これはこれで我ながらいい選択だったと思う。

この桜餅について書いたコラムの話はこれだけなのだが、桜餅の皮は辞書としての立ち位置をどうするかという問題があると思う。なんだか大げさな物言いだが、第六章の「スコップ」と「シャベル」のところでも書いたように、東西差がある事柄を辞書としてどう扱うかということである。現在、ほとんどの辞書は「桜餅」の語釈の中で、白玉粉、小麦粉、道明寺粉について触れている。辞書編集者として決しておろそかにしてはいけない態度だと思う。

ことばのコラムを書くことは、その後ジャパンナレッジという辞書の検索サイトで「日国サーフィン」というコラムを毎月連載するまではなかった。このコラムは二〇

〇九年七月から二〇一二年三月の間に全部で三十三回書いた。「日国サーフィン」は『日国』に立項されている面白い（と私が思った）ことばについて、紹介したものである。『日国』編集者による日本語案内というコンセプトだったが、書き始めた動機はもう一つあった。

二〇〇八年に落語家の柳亭左龍さんの『使ってみたいイキでイナセな江戸ことば』という本を編集したということはすでに書いた。その企画案を社内の企画会議に諮《はか》る際に、見本原稿をつけた方がわかりやすいだろうと思い、このような内容になるというものを私が書いて、企画書と一緒に提出したのである。ところが、会議の席上、当時の販売部のシニアマネージャー（次長）から、つまらないと一刀のもとに切り捨てられたのだった。企画は通ったものの、私としては渾身の原稿だったのでかなり傷ついた。これは書く修業を始めなければならないと痛感した。そこでインターネットならそれほど迷惑がかからないだろうと考え、ジャパンナレッジの担当者に頼んで連載を持たせてもらったというわけである。

その後、「日国サーフィン」はタイトルを「日本語、どうでしょう？」に変え、内容も一新して連載を続けている。そして、「日本語、どうでしょう？」をもとに時事通信社から単行本を二冊上梓することもできた。

「つまらない」と言った人間は、それを言ったことすら忘れているだろうが、ある意味私の恩人なのかもしれない。

初めての著書『悩ましい国語辞典』

二〇一五年の十二月に、時事通信社から初めての著書『悩ましい国語辞典』を刊行した。ジャパンナレッジで連載していたコラム「日本語、どうでしょう?」を、一冊にまとめたものである。このコラムは週一回の更新だったが、連載当初のものと、連載を開始してから一年後のものとでは、かなり文章のタッチが変わっている。そこで、書籍にするに当たって、初期のものは大幅に加筆した。文章のタッチが変わったのは、最初はコラムとはいっても、辞書の補注のようなものを目指していたからである。だが、いろいろと書いていくうちに、自分の考えをもっと盛り込みたいと思うようになり、どんどん長くなってしまった。このコラムは現在も隔週で連載を続けている。

このコラムを書いているうちに、このような文章を書き続けることの意味が私なりに明確になってきた。辞書編集者の主な仕事の一つは、ことばの変化の観察である。ところが紙の辞書の場合は分量の問題もあって、その変化の結果だけしか記載できないことがほとんどだ。だが、ことばの歴史を考えたとき、その変化する姿こそ面白いのである。その変化の過程は、時として極めてスリリングなことすらある。辞書ではa残念なことにそのほとんどを記述することは難しく、日頃からなんとも言えないもどかしさを感じていた。そこでそれを別の形で伝えようと思ったわけである。

この『悩ましい国語辞典』は、予想をはるかに超えて、多くのかたに手に取っていただくことができた。

ことばを扱った本の中には、他人の文章の中に「誤用」を見つけて、鬼の首を取ったように批判しているものもなくはない。あるいは、特に根拠も示さずに、いきなり「誤用」だと断定しているものもある。私自身そのような本を読んだときに、何とも言えない息苦しさを感じていた。根拠なく「誤用」だと述べているものは、なぜそう言い切れるのか本当に勇気があるなと思っていた。この本では、そういった内容のものと同一視されることだけは極力避けたいと考えた。

この姿勢ゆえに、この本は多くのかたに受け入れていただけたのではないかと思っている。新聞、雑誌、ラジオ、テレビなどでも、いろいろと取り上げてもらうことができた。特に全国紙やブロック紙、地方紙の一面コラムでもよく引用された。コラム氏が書き出しに困ったときに、格好のネタを提供できるような本だったのかもしれない。

自著刊行で、勤め先と〝緊迫〟の事態に

ただ、注目されることによって、かなり「悩ましい」事態にも巻き込まれてしまっ

た。この本は私がまだ在職中に、しかも自分が勤めている出版社とは別の版元から上梓したからである。

決してこの本を、自分が禄《ろく》を食《は》んでいる会社から出したくないと思ったわけではない。自分が書いたものを面白いから本にしてくれと、会社に掛け合えるほどの自信も勇気もなかっただけである。もし社員の誰かが声をかけてくれれば、喜んで受けるつもりでいた。実際、会社の部長級以上の管理職全員が集まる会議の席上で、社長が突然「神永が面白いことをやっているので、みんなで使ったらどうか」と言ってくれたときには、正直かなり期待もした。その会議のあとの懇親会でも、社長はわざわざ私を呼んで、他部署の人間にも引き合わせてくれたのである。だが、社長から急にそのように言われても、どう対応していいのか困ったのであろう、結局どこの編集部からも声はかからなかった。

そうこうしているうちに、以前からお世話になっていたライターさんが、本にしないのは惜しいと、時事通信社に話を持ち込んでくれたのである。私自身も定年が近づいていたので、なんとかその前に本にしたいと思っていたところだったから、渡りに船であった。

時事通信社から正式に出版決定の知らせがあったのは、二〇一五年八月の初めのことである。その段階で直接の上司である取締役に報告して、許可をもらっている。同僚にそれまでも他社から何冊も本を出している人間がいて、彼から取締役の許可を得れば大丈夫だと聞いていたからである。

連載していたコラムから掲載する分を選び出し、さらには「辞書編集者の仕事」という原稿用紙三十枚ほどの文章を書き下ろして、その年の十二月に刊行することができた。

売れ行きは当初から好調だったようで、年内には重版がかかっている。

ところが、年が明けるとともに、喜びが一転してしまった。本が売れているという話が時事通信社から会社の上層部に伝わり、人事担当の常務から突然呼び出しを受けたのである。常務からは、刊行に至る経緯について文書で報告するよう命じられ、さらには他社から本を出す際の内規がなかったので、この機会にはっきりと決めたいとも言われた。

報告書は常務会に提出した。そして十日後に、人事担当の常務と取締役から呼び出され、常務会の決定を告げられた。会社で得た知識をもとに、同業他社に利益をもたらすことは就業規則に反するというのである。たとえそれが前もって上長の許可を得たものであっても、ということであった。

納得のいくことではなかったので、なぜ上長の許可を得ているのにダメなのかと聞くと、許可をした私の上司である取締役が、さらに上の常務会に報告しなかったのが悪いという説明だった。では悪かったのはその取締役なのかと聞くと、そうだと言う。さらに、印税を得ていることも問題で、それも処罰の対象になると言われた。

この印税に関しては、その後二転三転した。最終的には、初版の印税はそのまま受け取ってよいが、すでに支払いを受けていた重版分の印税はそのほぼ三分の二に当たる金額を会社に支払うよう命じられた。さらに今後重版があった場合も、同じ割合で私と会社とが分けて受け取るという契約に、時事通信社と交わした出版契約書自体を書き換えさせられた。この時点で定年まで一年ほどになっており、会社と争って残された時間をつまらないことでつぶしたくないという思いもあって、会社の決定をそのまま受け入れることにした。ただ、私の方から会社に支払うことになった分と、以後の会社に入る印税とは、わずかな金額ではあるが辞書編集部の売り上げにしてもらった。ささやかな抵抗である。この印税の配分は定年後の今も続いている。

さらに、人事部に宛てて出版の許可願と、その提出が事後になったという謝罪文を提出するよう命じられた。一種の始末書である。

のちに、なぜそのときに会社と争わなかったのかと言ってくれる人が何人かいた。弁護士をしている知人は、裁判を起こすのなら弁護を引き受けてやるとまで言ってくれた。

だが、今の私があるのは、辞書編集者として育ててくれた会社のおかげだと、心から思っている。この一件で会社への思いは大きく変わってしまったが、その気持ちだけは変わらない。

ただ私にも、ことばについていろいろと発信しているが、それらは必ずしも会社で学んだ知識だけではなく、自ら学んで得た知識だったり、自分なりの考察によるものだったりする方が大きいという自負心もあった。この出来事によって、定年後はフリーの立場となって、他の出版社と同じように、ビジネスの相手として自分がいた会社とかかわっていくのがいちばんいいのではないかと思うに至った。

そしてその翌年（二〇一七年）の二月に、三十七年間勤めた会社を、嘱託で残る道は選ばずに退職した。

定年後の最初の仕事に選んだのは、何のしがらみもないフリーの立場で『悩ましい国語辞典』の続編を刊行することだった。ただジャパンナレッジで連載ずみのコラムをまとめるのであれば、一冊分の原稿がたまるのにあと二年近くかかってしまう。そこで、かなりの部分を新たに書き下ろして、続編『さらに悩ましい国語辞典』を前著刊行から一年半後の二〇一七年七月に刊行した。

タイトルに「さらに」とつけたのは、やはり担当編集者のアイディアだった。かつて作曲家でエッセイストだった團伊玖磨《だんいくま》さんのエッセイ集に『パイプのけむり』というシリーズがある。それの続編には「まだ」「も一つ」「まだまだ」「重ねて」といったタイトルがつけられていたので、それを意識して名付けたのだった。もっとも私の方は、團さんのように何冊も続けられそうにないのだが。

前著『悩ましい国語辞典』の刊行時はまだ出版社の社員だったので、他社の辞書についてはなるべく突っ込みを入れないようにしていた。だが、続編ではフリーの立場になったこともあって、付録で「辞書編集者が薦める辞典はこれだ！」との題で、私が他社の辞典をどう思っているのか、かなり踏み込んだことまで書いてしまった。

会社を去ることに未練はなかったが、一つだけ心残りがあった。『日国』のことである。在職中、事あるごとに『日国』第三版に向けた作業を開始したいと言い続けてきたのだが、実際にはほとんど手つかずのまま、退職することになったからである。『日国』の第二版を経験した者はまだ数名編集部に残っていたが、彼らの年齢を考えると、これから数年の間に皆退職の時期を迎え、そして誰も経験者がいなくなるのは目に見えていた。さらにそのあとの世代になると、『日国』第三版の編集作業は編集部の事情もあってほとんど手をつけていなかったので、編集のやり方はまったくと言っていいほど伝えていなかったのである。

このまま『日国』の改訂、あるいは増補はできなくなるのだろう、少なくとも自分はまったくかかわれなくなると半ばあきらめていたところ、社内のある人が、私の意を汲んで、会社との契約ではなく辞書編集部との契約で、継続して『日国』の手伝いができるように取り計らってくれた。退職の日の二週間前のことである。これで『日国』に関する私のノウハウを、次の世代に継承できるようになった。私の場合、『日国』で引用した用例を原典に戻って確認し、用例にふさわしい形に整えるという、『日国』第一世代の前澤豊子さんから手取り足取り教えてもらった技術を、次世代に伝えなければならないという大きな使命があったのである。あとは第三版を、自分が元気なうちに刊行するだけである。

ラジオ「全国こども電話相談室」でリスナーからの難問に四苦八苦

ＴＢＳラジオなどで放送されていた、「全国こども電話相談室」という番組があったことをご記憶だろうか。子どもから電話で寄せられた質問に、スタジオの回答者が答える番組である。「ダイヤル、まわして」というテーマソングが、時代を感じさせて懐かしい。私も子どもの頃に聞いていた。当時は平日の夕方の放送だった。放送作家の永六輔《えいろくすけ》さん、「山びこ学校」で有名な教育者の無着成恭《むちゃくせいきょう》さんなどがメインの回答者だった。残念ながらこの番組は二〇〇八年に終了してしまった。

この番組のディレクターに知人がいて、私も声をかけられて二度出演したことがある。パーソナリティーは電話のお姉さんと呼ばれていたが、最後のお姉さんとなった近堂《こんどう》かおりさんのときである。そのときは日曜の朝の放送になっていた。回答者は毎回復数いて、最初の出演のときはマラソンの増田明美《ますだあけみ》さん、二度目は作家の中山千夏《なかやまちなつ》さんなどと一緒だった。

回答者は毎回公表されているので、だいたいその人の専門に近い質問が寄せられる。だが、子どもからの質問なのでまったく予測がつかない。しかも番組は生放送なのである。ところがスタジオの中は緊張感などまったくなく、実に和やかな雰囲気だった。日曜日の朝に大人が集まって、子どもの話をやさしく聞いてあげるという感じだった。

増田明美さんのときには、「どうしたら速く走れるようになるのですか」というストレートな質問が来た。増田さんはマイクに向かって答える前に、「あら、それ私が知りたいわ」とつぶやいたので、スタジオは笑いに包まれた。その一言で、私は増田さんの大ファンになった。

中山千夏さんとのときは、番組の冒頭で、一週間前の放送で別の回答者が専門外で答えられず、「宿題」として保留になっていた質問、中国の古代史について中山さんと掛け合いをした。まさか人形劇「ひょっこりひょうたん島」の博士の声を務めたかたとそのようなことをするなんて思いもしなかった。「ひょっこりひょうたん島」はほとんど毎回見ていたのである。中山さんの一九六九年のヒット曲「あなたの心に」も、カラオケでときどき歌う大好きな曲である。

私への質問は、「漢字」の「漢」の字の偏はさんずいだが水と関係があるのかということと、「機械」の「機」の字の最後に打つ点は何のためにあるのか、であった。両方ともかなり高度な質問である。

「漢」については、この字は「漢王朝」の「漢」だが、中国の川の名前でもあったのでそこから来ているらしいというようなことを答えた。すると放送終了後すぐに年配のかたから、「漢王朝」の「漢」は川の名前とは関係ないのではないかとの電話が局にかかってきた。番組の反響の大きさに驚いたが、おっしゃる通りで諸説ある。私が説明したのはその諸説あるうちの一つで、子どもにわかりやすいということと、漢和辞典でもこの説を採用しているものが多いので取り上げた、と答えて納得していただいた。

「機」の方は、困った。質問をしてきた子は、漢字テストでこの最後に打つ点を忘れて×にされたのだが、必要なものなのでしょうかと言うのである。「機」は木偏と糸の上の部分が二つ並んだものと、「人」「戈《ほこ》」からなることはわかるが、さて「戈」の点が何かと聞かれるとわからない。その部分がなぜ必要なものなのかと聞かれると、私にはもともとあるものだからとしか答えられない。悔しいのだが「宿題」にしてしまった。

番組終了後、スタッフからどなたにお聞きしたらいいでしょうかと尋ねられたので、漢字の成り立ちの研究をしている白川静《しらかわしずか》氏のお名前を挙げた。ところが、しばらくしてスタッフから電話があり、白川氏となかなか連絡が取れなかったのだが、ようやく取れたと思ったら、数日前に亡くなられたというのである。これには驚いた。

あとでスタッフが白川氏のお弟子さんに聞いてくれたようで、この「戈」の点は、ほこに付けられた旗印なのだそうである。私も大変勉強になった。

私への質問ではないが、他に「新幹線はなぜ速く走れるの」「海はなぜ青いの」「地球はどうして丸いの」「地震はどうして起きるの」「インドのカレーはさらさらなのに日本のカレーはどうしてどろどろなの」といった質問があった。子どもにこう聞かれたらすぐに答えられるであろうか。

「全国こども電話相談室」は、質問が似たようなものしか来なくなったという理由で終了したらしいのだが、なくなるのが惜しい番組だった。個人的には、ことばについての子どもの質問に答える番組があってもいいのにと思うのである。

テレビ、ラジオなど多様な媒体で「ことばの面白さ」を伝える

「全国こども電話相談室」以外でも、ラジオやテレビでことばについて話す機会がしばしばあり、今でもけっこう声がかかる。

これも今はなくなってしまった番組だが、TOKYO FMの「シナプス」という、やまだひさしさんがパーソナリティーをしていた昼の番組にも小学館在職中に何度

か出演して、ことばの話をしたことがある。『美しい日本語の辞典』をもとに、「美本《びほん》語《ご》」と称して「小春日和」「琴線《きんせん》に触れる」「まほろば」「間然《かんぜん》するところがない」といった美しいと思われる日本語の話をした。

　この番組は昼間三時間の生放送だったが、ある回などはほとんどその時間スタジオに詰めて、「あえか（か弱く頼りないさまという意）」「言祝《ことほ》ぐ」「衣鉢《いはつ》を継ぐ」などということばを取り上げ、それぞれの意味を解説したり、リスナーから例文を投稿してもらって添削したりした。また、タイトルや歌詞の中で、「美本語」と呼べそうなことばを使っている曲を、ことばの解説を交えて紹介したりもした。GReeeNという日本の音楽バンドは「グリーン」と読むことを、このとき初めて知った。

『悩ましい国語辞典』刊行後も、同じＴＯＫＹＯ　ＦＭでブロードキャスターのピーター・バラカンさんがパーソナリティーを務めている「The Lifestyle MUSEUM」という番組に二度呼ばれて出演した。二度目のときは退職後であるが。バラカンさんとは、初対面だったにもかかわらず、すぐに日本語の辞書の話で盛り上がった。日本語を学ぶ際に、やはり辞書を大いに活用したらしい。ただ、イギリス人にとって、漢和辞典を使いこなすのはとても難しかったそうである。

　バラカンさんの番組では他にも、「マジ」「やばい」は江戸時代から使われていた、「スコップ」と「シャベル」は東西で使い方が違う、「煮詰まる」の本来の意味といった話をした。バラカンさんはイギリス出身で、日本語を母語として育ったかたではないからであろう、日本語をどのように使ったら相手と正確にコミュニケーションが取れるのかということを、日本人以上に真剣に考えていることがよくわかった。

これ以外に、ラジオ日本の番組にも何度か出演した。同局の横浜伊勢佐木町《いせざきちょう》にあるサテライトスタジオからオンエアしている番組にも出たことがある。道路に面したスタジオだが、道行く人はあまり気にも留めていない様子が面白かった。

映像のないラジオはことばが命で、それだけに出演者もリスナーも、ことばに関心の高いかたが非常に多い気がする。

辞書編集者といういささか特殊な仕事を生業《なりわい》としてきたせいか、定年後も引き続き、テレビ、ラジオ、新聞、雑誌、ウェブなどさまざまな媒体で、日本語について語ったり書いたりする機会が多い。それらはいずれも辞書とは異なる表現形式のものなので、初めて経験するものもある。ある時期からコラムの執筆にも手を染めるようになったとはいえ、長年辞書の語釈だけを書いてきた者にとっては、新しい媒体の仕事はまったくの初心者なのである。テレビに出演したときは、カメラ目線がどうしてもできなくて、緊張のあまり目が泳いでいるときがある。放送されたときにそんな姿を見ると絶望的な気分になり、もう二度と取材に応じるのはやめようと思う。だが、興味のある内容を提示されると、ついまた引き受けてしまう。そんなことをしているのも、ちょっと格好をつけて言うと、多くの人にことばに関心を持ってほしいと思うからである。それぞれの媒体には他とは違った長所も短所もある。それらをうまく利用して、ことばの面白さを伝えたいと考えているのである。

今でも『日国』第三版に向けた編集にはかかわっているので、気持ちはまだ辞書編集者であるとはすでに書いた。だが、現役の辞書編集者とも言いがたいので、「元」と「現」のどっちつかずの状態にある辞書編集者というのが今の立ち位置だろうか。ただ、そういう辞書編集者も決して多くないだろうから、私のような者が最近の日本語をどう見ているのかを語ることも、少しは意味があるのではないかと考えている。

おわりに

出版社の新入社員として教習を受けていたとき、上司から受けたアドバイスがあった。日記を欠かさずつけた方がよいというのである。辞書編集は単調な仕事なので、いつ何をしたのかすぐにわからなくなってしまう。だから、記録を残すのは大事だというのがその理由だった。

日記をつけることは、断続的にではあるが学生の頃から続けていたので、まったく苦にならなかった。むしろ、日々のさまざまな思いをぶつける、格好のはけ口となったくらいである。編集部では私以外にも日記をつけている者が多くいたので、朝出社するとまず一斉に黙々と前日の日記をつけ始めるという、おかしな部だった。

以後、今に至るまで、日記はほとんど毎日書き続けている。途中から手書きではなくなっているが。今それを読み返してみると、自分の考えの幼さに赤面させられることがある。何に対してなのか、自分でもよくわからない怒りをぶつけていることもある。時として、他人の悪口までも。さすがにこの部分は人に見せられない。

日記にぶつけた怒りとは、たとえばこのようなことである。入社して半年ほどたった一九八〇年九月十八日の日付のものだ。

当時私は、『国語大辞典』という翌年に刊行される辞書の、再校のゲラを担当していた。そのゲラを読んでいたところ、「ブルックナー」という作曲家の項目に、編集部の誰かの手で削除の指定がなされていることに気づいた。しかもその削除の理由がメモ書きされていて、驚いたことに『広辞苑』に項目がないからとあった。

今でこそ『広辞苑』にも「ブルックナー」はちゃんと立項されているが、第二版（一九六九年）には確かに項目がなかった。だが、その後一九七六年に刊行された第二版補訂版で、「ブルックナー」は立項されたのである。つまり、補訂版の方を見ていれば、「ブルックナー」が落とされることはなかったことになる。だが、問題はそういうことではなかった。

ブルックナー（一八二四～九六）はオーストリアの作曲家で、ロマン主義と古典主義を調和させた長大な交響曲やミサ曲で有名である。私も第三、四、七、九番の交響曲を愛聴していた（当時はまだレコードの時代だった！）。日本でブルックナーが比較的よく聞かれるようになったのは、一九七〇年代になってからだと思う。そのブルックナーの項目を削ってしまおうというのだから、いったい何を考えているのかと思った。

それだけでも納得できなかったうえに、さらにその少し後に「ボアエルデュー」というフランスの作曲家の項目が残っているのを見て、私の不満が一気に噴き出した。

「ボアエルデュー」は『広辞苑』にあったからである。

私はクラシック音楽の一ファンとして、ブルックナーとボアエルデューとでは、音楽史的な位置付けは別として、知名度はどちらが上かということくらいはわかる。その思いを編集長にぶつけたところ、『広辞苑』はライバルであり、『広辞苑』にある項目は削れないと言われたのだった。

このときのことを、私は日記にこう書いている。

「広辞苑がライバルであるなら、広辞苑の欠点を正し、限界を見極め、それを超えてこそ、広辞苑以上の辞書ができるのではあるまいか。広辞苑を何か権威のあるものと見なし、その権威の前にひれ伏しているような気がしてならない」

若くて、元気があったなと思うが、そういう気持ちは今もあまり変わらないかもしれない。ただ今となっては、『広辞苑』を超える辞書を作りたいと思っているわけではない。他の辞書を気にするよりも、自分が理想とする辞書を作りたいと思っているだけである。

この話には後日談がある。「ブルックナー」を削除することはどうしても納得できなかったため、編集長を説得して結局項目を残すことができた。「ボアエルデュー」も残した形で。ちなみに『広辞苑』では、「ボアエルデュー」は途中で見出し語形を「ボイエルデュー」に変えながら、二〇一八年に刊行された第七版でも立項している。

社会人になってからの私の日記は、以上のようなことから書き始められている。こんな日記だが、本書執筆には大変役に立った。すっかり失念していたことを思い出せたし、曖昧な記憶をはっきりとさせられたからである。入社一年目であるにもかかわらず、かなりやりたい放題だったこともわかる。用例文の引用の仕方が中途半端だと、分量的な問題があったにもかかわらず、続く部分を勝手に書き足してもいる。

自分が辞書編集者には向かないのではないかという思いも、たびたび書きつづっている。定年まで辞書編集の仕事を続けられないのではないかということまでも。与えられた仕事に対して文句ばかり言っていて、そのネガティブさに、今読み返してみると腹立たしささえ覚えてくる。そんなことを書いていたのは入社後数年間であるが、そのときの自分にもし会えたら、お前はやがて辞書編集の面白さに目覚め、定年後も辞書編集者を名乗っているのだぞと言ってやりたい。

『日国』第二版の編集が一段落した時期には、他の部署に異動したいという思いを書きつづっている。希望先はデジタルの部門だった。ちょうど二十一世紀に入ってから、というとなんだか大げさだが、その頃から辞書のデジタル化が本格的になり始めていたからである。それだけでなく、辞書編集部を統括する立場の上司と、そりが合わなかったこともある。編集部内で提案した新しい企画に対して、まるで他人事のように、余計なことはするなと言わんばかりの反応しかしない人だったからである。結局異動の望みはかなわなかったし、短気を起こして異動しなくてよかったと、今では思っている。

ところで、新入社員の頃の思い出をもう一つ述べておこう。

私が最初に入社した尚学図書は文京区後楽二丁目にあり、その町内の商店会の会員でもあった。あるとき上司から、商店会の会員名簿に『日国』初版の広告を出すことになったので、文章もデザインも考えてみろというかなりむちゃな命令を受けた。当然のことながら、広告など作ったことがない。ただなんとなく、キャッチコピーを入れなければ格好がつかないことだけは知っていた。そこで、無理やりひねり出したのが、このようなものである。

「ことばには歴史がある」

われながらくさいと思ったし、商店会の会員名簿の広告としてはかなり気恥ずかしい。だが、直されることもなく、これに『日国』の本体写真と値段などを加えたものが採用されてしまったのである。

この話はこれで終わりなのだが、この苦し紛れに思いついた「ことばには歴史がある」ということは、辞書の編集を続けていく過程で、しばしば思い当たることがあった。おそらくそれは、日本語の歴史を残された文献例をもとに追いかける、『日国』

という辞書と長年かかわったからであろう。

たとえば、私が「ことばには歴史がある」と感じたのはこのようなことである。あるとき、「やんごとない」の次のような使用例を見つけた。

「本当はそこに、病気というやんごとなき理由が介在していたにもかかわらず」(片山恭一『遠ざかる家』二〇〇八年)

「やんごとない」は、高貴であるという意味で、現在でもこの意味で使われることが多い。

『源氏物語』の有名な冒頭部分に、

「いとやむごとなききは(際)にはあらぬがすぐれて時めき給ふありけり〔現代語訳:そんなに高貴な身分ではない人で、抜きん出て天皇の寵愛《ちょうあい》を受けておられるおかたがあった〕」

とあるのも、この高貴だという意味である。

ところが、この『遠ざかる家』で使われている「やんごとない」は、明らかにその意味ではない。打ち捨てておくことができない、よんどころない、やむを得ないという意味である。この意味について『新明解国語辞典』第八版は、「『やんごとない理由』などと、『やむをえない』の意に用いるのは誤用」と述べている。だが、本当に誤用と言ってしまっていいのだろうか。

『日国』で「やんごとない」を引いてみると、最初に示された意味は、「やむを得ない。よんどころない。なおざりにできない。打ち捨てておかれない」である。そして、その意味の最も古い例として、『古今《こきん》和歌集』に次ぐ第二の勅撰《ちょくせん》和歌集である『後撰《ごせん》和歌集』（九五一～九五三年頃）「春上・一三」の歌の「詞書《ことばがき》」を引用している。「詞書」は和歌に添える前書きである。

「やむごとなき事によりてまかりのぼりにけり」

というもので、よんどころない用事があって京に行ったという意味である。

「やんごとない」は、そのまま捨てておくことができないことというのが元の意味で、その打ち捨てておけない事情によって、高貴であるの意味などさまざまな意味に広がっていったと考えられている。原義に近い、よんどころないの意味の古典例は、決して少なくない。この『遠ざかる家』の例も、古文ではないが、よんどころないの意味で使っている。これは決して誤用ではなく、昔の意味が復活していると考えるべきなのではないだろうか。

　現行の小型の国語辞典では「やんごとない」に、高貴であるの意味しか載せていないものがほとんどである。よんどころないの意味を復活させる必要がありそうだ。

　私は中学高校の頃は愛読書が日本史辞典だったくらい、日本史が大好きだった。それが辞書編集者になって、人間の営みだけではなく、ことばにも歴史があり、その歴史をひもといていくとかなりスリリングなことが見えてくると知ったとき、がぜんことばの歴史にも興味がわいてきた。それに気づいた頃から、日記に自分が辞書編集者に向かないのではないかと書くことはなくなっている。「ことばには歴史がある」は単なる思いつきだったにもかかわらず、期せずして自分の人生を決めてしまうようなものだったのかもしれない。

二〇一七年の二月に定年退職したあと、困ったことの一つに肩書問題があった。会社勤めをしていた頃は、「小学館出版局チーフプロデューサー」という肩書が正式だったものの、これが実にわかりにくい。辞書の編集部は出版局に所属していて、「辞書・デジタルリファレンス」という名称の部署がいわゆる辞書編集部に当たる。「辞書」というのは主に紙版の国語辞典と外国語辞典を、「デジタルリファレンス」というのは百科事典と、国語辞典、外国語辞典のデジタル展開を行っていた。チーフプロデューサーはそれらを統括する立場で、部長職に当たる。だが、その肩書では私がどのような仕事をしているのかまったくわからないであろう。ましてや、退職後に「元小学館出版局チーフプロデューサー」などと言っても、何者だということになりそうである。おまけに、定年前の半年間は管理職から離れて「エキスパートプロデューサー」という肩書になったので、さらに何のことかわからない。実際、その肩書だったときに、あるところで頼まれて講演をしたところ「小学館のエキスパート」

と紹介された。「何のエキスパートだ」と自分でツッコミを入れながら、それはそれで悪い気はしなかったが。

　退職した二〇一七年は「忖度」ということばが流行り、「インスタ映え」とあわせてこの年を代表する新語、流行語に選ばれている。「忖度」については、私はウェブで連載しているコラム「日本語、どうでしょう?」でこの年の四月の初めに書いていたので（『さらに悩ましい国語辞典』所収）、それを読んだという朝日新聞の記者からすぐに取材を受けた。その記事は四月三十日に「フォーラム」という紙面に掲載されている。そのときに取材に訪れた記者を悩ませたのが私の肩書だった。「元チーフプロデューサー」や「元エキスパートプロデューサー」ではわかりにくいので、「元辞書編集部編集長」で構わないと言ったところ、その記者は小学館には辞書編集部という名称の部署は存在しないのだから、新聞では事実でないことは書くことができない、従って、元辞書編集部編集長ではダメだと言うのである。「おいおい、君たちが求めている事実ってそんなことなのかい」という気がしないでもなかったが、最終的にはお任せすることにした。結局掲載された記事を見たら「国語辞典編集者」になっていた。すでに辞書編集の現場からは離れているが、今でも気持ちは辞書の編集者なので、自分としてもその肩書がいちばんふさわしい気がする。

　そう考えれば、本書の書名『辞書編集、三十七年』も、仮に本書をこれからも書き足していくとすると、「辞書編集」三十九年、四十年……と体力が続く限り、さらに年数を上積みしていけそうである。

定年までの三十七年間がその一つの区切りとなるので、とりあえずその三十七年間についてまとめてみませんか、と勧めてくださったのが、草思社の貞島一秀さんである。貞島さんには、『微妙におかしな日本語　ことばの結びつきの正解・不正解』のときにも編集を担当していただいている。貞島さんからの熱心な勧めがなければ、本書を執筆することはなかったと思う。心からお礼を申し上げたい。

私は「ことば」とは人間の営みの中から生まれてきたものなので、「ことば」とかかわることは、人間とかかわることに他ならないと考えている。そのため、本書でも、私が「ことば」を媒体としてかかわりのあったかたがたのことを、極力書いたつもりである。

本書をお読みくださったかたに、一見無味乾燥に見える辞書にも、それを作り上げるためには人間的とも言えるさまざまな背景があることを少しでも知っていただけたら、人生の半分以上の年月を辞書とかかわってきた者として、これに勝る喜びはない。

二〇一八年霜月

神永　曉

辞書編集、もうすぐ四十三年——文庫版あとがき

私が長年勤めた出版社を定年で退職したのは、二〇一七年二月十日のことである。入社からその日まで、所属した編集部の名称は変わったが、私自身はずっと辞書の編集部に居続けた。そのような定年まで辞書編集一筋だった編集者も珍しいと言われたこともあって、翌年（二〇一八年）の十二月に、本書『辞書編集、三十七年』の単行本版を上梓した。辞書編集者として過ごした三十七年の間に、どのようにことばと向き合ってきたかを書き綴ったのである。私としてはその出版によって、辞書編集者として一つの区切りをつけられると考えていた。

ところが、ひとたび辞書の編集に手を染めてしまった者には、この仕事は終着点がないのかもしれない。ことばとの向き合い方は社員だった現役時代と多少違いはあるものの、フリーになった今でも辞書とかかわり続けている。今年（二〇二二年）で、四十二年め、来春には四十三年めに突入する。

ただ恥ずかしながら、退職してからそろそろ六年になるのに、その間について取り立てて書けることなどほとんどない。

もちろん、ことばとの出会いがまったくなかったわけではない。だが、この間に起こり今も続いている新型コロナの流行は、私のような人間にも、確実に影響を及ぼしている。定年後の時間の半分が、その蔓延期間に当たってしまったことは決して小さくない。だからといって、ほとんど何もしなかったことの言い訳にはならないのだが。

新型コロナの影響を私が直接感じたのは、二〇二〇年三月のことだった。このとき京都駅前のイオンモールで、そこに出店している老舗の書店と、「辞書引き学習」のイベントを開催する予定だったのである。ところが感染のニュースが相次いで伝えられるようになったため、イオン側の判断でイベントは中止になってしまった。その時点では全国的な感染の拡大はまだだったので、私としては実施可能ではないかと思った。しかし、結果的にはイオンの判断は正しかったわけである。以後、このとき計画したような大がかりなイベントは開催できないでいる。

大がかりなイベントはできなくなったが、小学校での指導や、書店のイベントスペースを使ったワークショップといった比較的少人数でのものは、感染状況を見ながら細々と続けている。

最近は辞書引きの指導に限らず、小学校に出向いて類語の話を子どもたちにするようになった。類語は、本書で『類語例解辞典』の編集に携わったことを書いたが、私にとってはけっこう大きなテーマなのである。

子どもたちに類語の話をするとき、マクラに使っているネタがある。「うんこ」「うんち」の話である。もちろん学校の許可を得てだが。

「うんこ」「うんち」以外にも、「大便」「くそ」「ふん」「ばば」などがある。同じものを指しているのにどうしていろいろな言い方があるんだろう、といった問いかけから話を始めている。さすがに高学年になると、最初は冷たい目で見られることもあるが。

だが、「『うんこ』『うんち』ってなんで、『うんこ』『うんち』って言うか知ってる？」「『うん』がヒントなんだよ」とか、「『くそ』はある語が変化して『くそ』になったんだよ」などと言うと、みんな夢中になって話に付いてきてくれる。「『糞』って漢字はどんな漢字？」と聞くと、「あっ！」などと言って一緒になって考えてくれる。

このマクラは和語と漢語の違いなども説明できるという、けっこういいネタだと思っている。

類語を知る上で、日本語は和語、漢語、そして外来語から成り立っているという話はとても重要なことなのである。

子どもたちに「『学校』は漢語で、外来語は『スクール』、では和語で言うと何？」などと質問すると、五年生くらいになると「まなびや」という答えが返ってくることもある。この例も、和語、漢語、外来語の関係を考えるいいネタだと思っている。日本語には、同じものを表す語がいろいろあり、それらは同じものを表しているのに意味も印象も微妙に違うので、その違いまで含めて類語を芋づる式におぼえようと伝えている。

ただその指導も、やはり新型コロナの影響は避けられない。クラス単位でしか話ができないからだ。一学年に六クラスあると、一時間めから途中給食をはさんで六時間めまでかかる。前期高齢者にはかなりきつい。

子ども向けのことばの図鑑の監修を務めたのも、辞書編集者としては新鮮な経験だった。『日本のことばずかん　そら』（二〇二一年十一月）、『同　いろ』（二〇二一年十二月）、『同　かず』（二〇二二年一月）という講談社から刊行された三冊である。それぞれ「そら」「いろ」「かず」にまつわる語をビジュアル化した、辞書ではなくあくまでも図鑑である。子どもに日本語の面白さ、素晴らしさを伝えたいという思いは以前からあったので、いい機会を与えてもらえた。

そもそも辞書編集者には、ことばを図鑑にしてビジュアル化するという発想はほとんどない（長年辞書とかかわってしまった私だけかもしれないが）。ことばの本を編集する際に、辞書編集者の頭の中はどうなっているかと言うと、五十音の「あ」から「ん」まで、とにかくことばを網羅的に並べようとしてしまう。だからそのような縛りをまったくなくしたことばの本の企画は、思いがけないものであった。ただ、かつて所属していた編集部では発想すらできなかった企画なので、いささか悔しい思いもした。

直接子どもたちと接したり、子どもの本とかかわったりする機会が増え、本業の辞書編集者としての仕事はどうしたと言われそうだ。だが、私としてはそれも辞書編集者の仕事の一環だと考えている。「辞書編集、〇〇年」は、もうしばらく年数を積み重ねていくことになりそうだ。

二〇二二年霜月

神永　曉

＊本書は、二〇一八年に当社より刊行した著作に加筆し、文庫化したものです。

草思社文庫

辞書編集、三十七年

2022年12月8日　第1刷発行

著　者　神永　曉

発行者　藤田　博

発行所　株式会社 草思社

〒160-0022　東京都新宿区新宿1-10-1
電話　03(4580)7680(編集)
03(4580)7676(営業)
http://www.soshisha.com/

本文組版　鈴木知哉

印刷所　中央精版印刷 株式会社

製本所　中央精版印刷 株式会社

本体表紙デザイン　間村俊一

ISBN978-4-7942-2621-1　Printed in Japan